102 10 √ 24,698

FLL

36-6   8282

OFICIO PARVO

DE

NUESTRA SEÑORA

LA SANTISIMA VIRGEN MARIA,

SEGUN EL BREVIARIO ROMANO.

Traducido al Castellano con Notas

POR

EL DOCTOR DON JOSEF RIGUAL

Presbítero, Canónigo de la Iglesia
Colegial de Santa Ana
de Barcelona.

CON PRIVILEGIO.

EN MADRID: POR DON PEDRO MARIN.

AÑO M DCC LXXXVII.

Se hallará, con el Oficio de Semana Santa traducido por el mismo, en las Librerías de Don Valentin Francés frente á las gradas de San Felipe el Real, y frente al Correo, calle de las Carretas.

PROLOGO.

La devocion, que tienen muchas personas piadosas de rezar todos los dias el Oficio Parvo de Maria Santísima, es de las mas santas, y agradables á Dios, y á su Santísima Madre; porque en él alaban á Dios, y á la Virgen con Salmos, Himnos, y Cánticos: Se instruyen en la doctrina santa del Señor, y en las excelencias, y prerrogativas de la Señora, con las Lecciones, Capítulos, y Responsorios: Y por la intercesion de la Santísima Virgen, con las Oraciones, ó Colectas piden á Dios los favores, y gracias que necesitan. En esta devocion pone nuestra Madre la Iglesia en la boca de sus hijos, é infunde en sus corazones las mismas palabras, y afectos, que el Espíritu Santo nos de-

A 2

dexó escritos en las sagradas letras; mas como no todos entienden el Latin; en cuyo idioma ha formado la Iglesia el Oficio Parvo; por esto emprendí traducirlo al Castellano; siguiendo la version de varios pasages de la sagrada Escritura, que el P. Fr. Luis de Granada tiene esparcidos por toda su obra; y para aclarar los lugares obscuros, y dificultosos de la Escritura, he puesto las Notas que me han parecido necesarias, sacándolas de los Santos Padres que citan los Autores Católicos, que en ellas se expresan.

Para antes de rezar el Oficio de nuestra Señora.

ORACION.

ABre, Señor, mi boca para bendecir tu santo nombre: purifica mi corazón de todo vano, perverso, y ageno pensamiento: ilumina mi entendimiento, inflama mi voluntad; paraque digna, atenta, y devotamente pueda yo rezar este Oficio, y merezca ser oido ante tu Divina Magestad. Por nuestro Señor Jesu-Christo. Amen.

Señor, uniendo mi intencion con la que tuviste en este mundo, siempre que hiciste Oracion á tu Padre, en alabanza suya, te rindo yo el tributo de estas Horas en alabanza tuya.

Para despues del Oficio.

ORACION.

A La Sacrosanta, é indivisible Trinidad, á la Santa Humanidad de nuestro Señor Jesu-Christo crucifica-

do,

do, á la Maternidad pura, y santa de la bienaventurada, y gloriosísima siempre Virgen Maria, y á toda la Congregacion de los Santos rinda toda criatura alabanza eterna, honor, virtud, y gloria; y concédanos *el Señor* el perdón de todos los pecados : por todos los siglos de los siglos. Amen.

℣. Bienaventuradas la entrañas de la Virgen Maria, que llevaron al Hijo del Padre Eterno. ℟. Y bienaventurados los pechos que criaron á *Jesu-Christo nuestro Señor. Padre nuestro, Ave Maria.*

N O T A.

Los tres Oficios para los tres tiempos del año, son:

El primero : Desde el dia despues de la Purificacion hasta las Visperas exclusivè del Sábado antes del primer Domingo de Adviento.

El segundo : Desde las Vísperas inclusivè del Sábado antes del primer Domingo de Adviento hasta las Vísperas exclusivè de la Natividad de nuestro Señor Jesu-Christo.

El tercero : Desde las Vísperas inclusivè de la Natividad de nuestro Señor Jesu-Christo hasta la Purificacion inclusivè.

OFI-

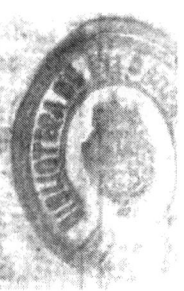

CONCEPCION.

OFICIO PARVO

DE

NUESTRA SEÑORA

A MAYTINES.

DIOS te salve: Maria, llena *eres* de gracia, el Señor *es* contigo: bendita tú *eres* entre *todas* las mugeres, y bendito *es* el fruto de tu vientre Jesus. Santa Maria, madre de Dios, ruega por nosotros pecadores, ahora, y en la hora de nuestra muerte. Amen.

Esta salutacion se dice al principio de todas las Horas, excepto á Laudes, quando se dicen inmediatamente despues de los Maytines:

℣. SEñor, tú abrirás mis labios.
℟. Y mi boca anunciará tus alabanzas. ℣. Dios, entiende en mi ayuda. ℟. Señor, no tardes en socorrerme. ℣. Gloria al Padre, y al Hi-

Hijo, y al Espíritu Santo. ℞. Como
ha sido desde el principio, *sea aho-*
ra, y siempre, y en los siglos de
los siglos. Amen. Alleluia. [1]

Desde el Domingo de Septuagésima
hasta las Vísperas del Sábado Santo,
en lugar de Alleluia, *se dice:* Alabado seas, Señor Rey de eterna gloria.

Invitatorio. Dios te salve Maria, llena
eres de gracia : * el Señor es contigo.
Y se repite: Dios te salve Maria, &c.

SALMO 94. [2] *Venite, exultemus.*

VEnid, alegrémonos delante del
Señor, cantémos á Dios nuestro Salvador : presentémonos ante su
ca-

---

1 ALLELUIA. Es palabra hebréa, que signi-
nifica: ALABAD AL SEÑOR. No está traducida
al latin, ni á otro idioma; por ser el Cántico de alegría, que en lengua hebréa cantan
los bienaventurados en el cielo; y por esto
se omite desde Septuágésima hasta el Sábado
Santo; por ser este un tiempo de tristeza, y
de penitencia. *S. Agustin.*

2 David exhorta á su pueblo á alabar á
Dios por su grandeza: y á obedecer sus pre-
cep-

cara , confesando [1] *su gloria* , y con Salmos le alabémos.

Dios te salve María , llena *eres* de gracia : * el Señor *es* contigo.

Porque *nuestro* Señor *es* gran Dios, y Rey grande sobre todos los dio- ses ; porque no desechará el Señor su pueblo ; pues en su mano están todos los fines de la tierra , y las alturas de los montes suyas son. [2]

El Señor *es* contigo.

Suyo es también el mar , y él lo hizo , y sus manos fundaron la tier- ra : venid *pues* , y adorémos á Dios, y postrémonos delante de él : lloré- mos

ceptos ; para no quedar privados de entrar en la tierra celestial de promision ; como suce- dió á los Israelitas , que por no cumplir con la ley del Señor, no entraron en la tierra que Dios les había prometido. *Sari.*

-I CONFESANDO SU GLORIA : ó , confesando nuestros pecados con verdadero arrepenti- miento , antes que nos juzgue el Señor con el rigor de su justicia. *Belarmino.*

-2 SUYAS SON. El Salterio Romano dice: LAS MIRA baxo de su dominio , denotando con es- to quan gran grande es su poder. *Belarmino.*

mos delante del Señor que nos ha
criado ; porque él es *nuestro* Señor,
y nuestro Dios , y nosotros somos
su pueblo, y ovejas [1] de su manada.

Dios te salve María , llena *eres*
de gracia : * el Señor *es* contigo.

Si hoy oyéreis su voz , no que-
ráis endurecer vuestros corazones,
no me irritéis, *os dice el Señor* , como
vuestros padres en el desierto , donde
me tentaron , experimentaron *mi po-*
der , y vieron *las maravillas* que obré.

El Señor *es* contigo.

Quarenta años estuve cerca [2] de
aquel pueblo , y dixe : su corazon
siempre va errado. No han conocido [3]

mis

1 OVEJAS. Es una metáfora, que denota
que Dios, como buen pastor, nos cuida , y
nos mantiene. *Belarmino.*

2 CERCA, oyendo sus quexas , y murmura-
ciones , que me provocaron á ira , y á des-
cargar sobre ellos mi castigo. La vulgata dice : Estuve ofendido de sus reveliones, y
delitos. *Belarmino.*

3 No HAN CONOCIDO : Esto es : no andu-
vieron por los caminos de mi ley , que les dí
á conocer. *Belarmino.*

mis caminos ; por esto en mi ira les
juré, que no entrarían en mi descanso.

Dios te salve Maria, llena *eres*
de gracia : * el Señor *es* contigo.

Gloria al Padre, y al Hijo, y al
Espíritu Santo. Como ha sido desde
el principio, *sea* ahora, y siempre,
y en los siglos de los siglos. Amen.

El Señor *es* contigo.

Dios te salve Maria, llena *eres*
de gracia : * el Señor *es* contigo.

HIMNO.

A Quien el mar, los astros, y
   la tierra
reverencian, adoran, y engrandecen,
y á su gobierno, y orden obedecen,
de Maria el sagrado claustro encierra.

A quien la luna, el sol, todas las
   cosas
sirven en todo tiempo con desvelo,
una agraciada Virgen toda un cielo
alberga en sus entrañas amorosas.

¡O Madre tan felíz! que has me-
   recido,

               que

que tú mismo hacedor tan soberano,
que contiene los orbes en su mano,
se encerrase en tu vientre esclarecido.

Dichosa un Angel bello te ha anun-
    ciado,
del Espíritu Santo has concebido,
de tu tálamo virgen ha nacido
el Hijo de las gentes deseado.

Jesus, sea á tí gloria, y alabanza,
que de Virgen naciste el mas hermoso:
con el Padre, y Espíritu amoroso,
por los siglos eternos sin mudanza.
Amen.

*Estos tres Salmos se dicen el Do-
mingo, Lunes, y Jueves.*

Aña. Bendita tú *eres.*

Salmo 8. ¹ *Dómine, Dóminus.*

SEñor, Señor nuestro, * ¡quán ad-
    mirable es tu nombre en toda la
tierra!   Por-

---

1 Este Salmo es una alabanza del poder de
Dios, de su sabiduría, y de su bondad para
con los hombres. Se aplica á Jesu-Christo, á
quien convienen estos atributos. *Belarmino.*

Porque tu magnificencia es mas elevada * que los cielos.

· Tú sacaste una perfecta alabanza de la boca [1] de los párvulos, y de los niños de pecho, para *confundir* tus enemigos, * y destruir al adversario, y al vengador.

Quando yo veré tus cielos, *que son* obras de tus dedos: * la luna, y las estrellas, que tú fundaste;

Diré: ¿Qué es el hombre, para que te acuerdes de él? * ¿O el hijo del hombre, paraque lo visites?

Lo hiciste un poco menor [2] que los Angeles, lo coronaste de gloria,

y

[1] DE LA BOCA. Esto es: Dios ha querido, para gloria, y alabanza suya, manifestar su grandeza á los humildes, é ignorantes, y les ha dado su gracia para cumplir con su ley, y defender el honor de su nombre á costa de sus vidas, como lo hicieron los Mártires, dexando de este modo confundidos á los sabios, y soberbios del mundo, que conociendo al Señor, no lo glorificaron. *Belarmino.*

[2] UN POCO MENOR. Se entiende de Jesu-Christo, en quanto pasible, y mortal que son dos circunstancias, que no convienen á los Angeles. Puede entenderse tambien del hom-

y de honra : * y le diste el dominio sobre *todas* las obras de tus manos.

Todas las cosas pusiste baxo de sus pies : * las ovejas. los bueyes, y todos los animales del campo;

Las aves del cielo , y los peces de la mar, * que caminan por las sendas de la mar.

Señor, Señor nuestro, * ¡quán admirable es tu nombre en toda la tierra! Gloria al Padre &c. Como ha sido &c.

Aña. Bendita tú *eres* entre *todas* las mugeres , y bendito *es* el fruto de tu vientre.

Aña. Santa Madre de Dios.

SALMO 18. [1] *Cœli enarrant.*

LOS cielos predican la gloria de Dios , * y el firmamento anuncia las obras de sus manos.

El

hombre, á quien Dios ha dado el dominio sobre las demas criaturas *Belarmino.*

[1] El Profeta hace ver en este Salmo, que las obras del universo nos dan un claro conocimiento de Dios. Y hace un elogio de la ley

El dia lo habla al dia *que le si-gue*, * y la noche enseña *estas ala-banzas* á la noche *que la sucede.*

No hay lenguas, ' ni naciones, * que no entiendan este lenguage.

El sonido de su voz se exten-dió por toda la tierra : * y sus pa-labras *se oyeron* hasta los fines del mundo.

Estableció en el sol ² su morada, * y este *sol es* como un esposo que sale de su tálamo *nuptial.*

Se esforzó como gigante para cor-rer *su* camino, * saliendo de un ex-tremo del cielo, *del Oriente.*

Y

ley del Señor. Conviene á Jesu-Christo, y á sus Apóstoles, que predicaron el Evange-lio por todo el mundo. *Belarmino.*

1 NO HAY LENGUAS. Esto es : los cielos pu-blican las glorias, y grandezas de Dios con tanta claridad, que como si hablaran en to-das lenguas, entienden su idioma todas las naciones, hasta las mas bárbaras, é idiotas. *Belarmino.*

2 EN EL SOL. Esto es : en el sol es donde Dios manifiesta con la mayor claridad sus glorias, y grandezas. *Id.*

B

Y pasando hasta el otro extremo, *el Occidente*, * ninguno hay que se esconda de su calor.

La ley del Señor *es* pura, la qual convierte las almas : * el testimonio del Señor es fiel, el qual dá sabiduría á los párvulos.

Las justicias del Señor *son* rectas, las quales alegran los corazones : * el mandamiento del Señor *es* claro, y alumbra los ojos *del alma.*

El temor del Señor *es* santo, y permanece en los siglos de los siglos: * los juicios del Señor *son* verdaderos, y justificados en sí mismos.

Son mas apetecibles que el oro, y las piedras preciosas: * y mas dulces que el panal, y la miel.

Por esto los guarda tu siervo, * y en guardarlos *halla* grande recompensa.

¿Los delitos quién los conoce? De mis *pecados* ocultos líbrame; * y perdona á tu siervo los agenos.

Si *ellos* no me dominaren, entonces estaré puro; * y seré limpio

pio de un grande pecado. [1]

Y las palabras de mi boca te serán agradables; * y la meditacion de mi corazon estará siempre delante de tí.

Señor, *tú eres* mi ayudador, * y mi Redentor.

Gloria al Padre &c. Como ha sido &c.

Aña. Santa Madre de Dios, tú has exhalado un olor suave como el de la mirra escogida.

Aña. Delante del tálamo.

SALMO 23. [2] *Dómini est terra.*

DEL Señor es la tierra, y todo lo que ella contiene : * el mundo, y todos los que lo habitan.

Porque él mismo lo fundó sobre los mares ; * y lo estableció sobre los rios.

¿Quién

1 DE UN GRANDE PECADO. De la soberbia, que es el origen de todos los pecados. *San Agustin.*

2 Este Salmo es una Profecía de la Ascension del Señor, y describe las qualidades de los justos, que han de entrar en el cielo. *Saci.*

B 2

¿Quién subirá al monte del Señor?*
¿ó quién estará en su lugar santo?

El que tuviere las manos inocentes,
y el corazon limpio; * el que no ha
recibido en vano ¹ su alma, ni ha
jurado en falso contra su próximo.

Este recibirá la bendicion del Señor, *. y la misericordia de Dios su
Salvador.

Tal es la generacion de los que le
buscan, * de los que buscan ver la
cara del Dios de Jacób.

Levantad, ² Príncipes, vuestras
puertas, y levantáos, puertas eter-
nas, * y entrará el Rey de gloria.

¿Quién es este Rey de gloria? *
El Señor fuerte, y poderoso: el Señor poderoso en las batallas.

Le-

1 EN VANO. Esto es : el que no ha ocupado
su corazon, ni su alma en las cosas vanas de
este mundo, sino en el servicio de Dios, y
en todo lo que conduce al fin, paraque fue
criado. *S. Agustin.*

2 LEVANTAD. Hay puertas que se abren le-
vantándolas, y asi es lo mismo, que si di-
xera: PRINCIPES, Angeles, abrid las puertas del cielo. *Belarmino.*

Levantad , Príncipes , vuestras puertas, y levantáos, puertas eter-nas; * y entrará el Rey de gloria.

¿Quién es este Rey de gloria? * El Señor de los exércitos , él mismo es el Rey de gloria.

Gloria al Padre &c. Como ha sido &c.

Aña. Delante del tálamo de esta Virgen cantadnos con freqüencia dul-ces Cánticos Dramáticos.

℣. En tus labios se ha derramado la gracia. ℞. Por esto te ha bende-cido Dios para siempre.

Padre nuestro , *secretamente.*

℣. Y no nos dexes caer en tenta-cion. ℞. Mas líbranos de mal.

Absolucion. Se hallará antes de las Lecciones.

Estos tres Salmos se dicen el Mar-tes , y Viernes.

Aña. Con tu belleza.

Salmo 44. [1] *Eructávit.*

MI corazon ha producido [2] una excelente palabra : * al [3] Rey digo mis obras.

Mi lengua *es como* pluma de un escribiente , * que escribe velozmente.

Tú,

[1] Este Salmo es un Cántico en alabanza de la union del Verbo Divino con la naturaleza humana, y del desposorio de Jesu Christo con la Iglesia. *Belarmino.*

[2] HA PRODUCIDO. La vulgata dice : HA REGOLDADO ; y es una metáfora para expresar: que asi como, quando está lleno el estómago, no se le puede impedir que se desahogue por el regueldo ; á este modo, estando el corazon del Profeta lleno de grandes misterios, no pudo contener el impulso del Espíritu Santo, que le movia á publicarlos ; y como no habia de hablar lo que le dictaba su propio discurso, sino lo que le rebelaba el Espíritu Santo; por esto compara su lengua á la pluma de un escribiente, que escribe con velocidad ; porque tiene quien le dicta. *Saci.*

[3] AL REY Jesu-Christo digo este Cántico, entendiendo el DICO de la vulgata de DICO DICIS; pero si se entiende de DICO DICAS, se dirá: al Rey dedico, consagro, y dirijo todas las obras de este Cántico. *Bosuet.*

Tú, *ó Jesu-Christo*, *eres* el mas hermoso de los hijos de los hombres: en tus labios se ha derramado la gracia; * por esto te ha bendecido Dios para siempre.

Cíñete tu espada sobre tu muslo, * *Señor* poderosísimo.

Con tu belleza, y hermosura, * asesta *el tiro de la flecha*: camina con felicidad *á vencer*, y reyna;

Por la verdad, por la mansedumbre, y por la justicia : * y tu diestra te hará obrar maravillas.

Tus flechas *son* agudas : los pueblos caerán á tus pies ; * *porque ellas penetrarán* los corazones de los enemigos del Rey.

Tu trono, ó Dios, *subsistirá* en los siglos de los siglos : * el cetro de tu reyno será cetro de rectitud.

Tú amaste la justicia, y aborreciste la iniquidad ; * por esto, ò Dios, tu Dios te ungió [1] con el óleo

de

---

1 Te ungió. Te dió tal plenitud de gracia, que es infinitamente mayor, que todas las

que

de alegría con preferencia á los que tienen parte contigo.

Tus vestidos, y casas de marfil *exhalan olor* de mirra, de áloe, [1] y de canela: * de este *olor* atraidas las hijas de los Reyes se deleytaron en medio de tu gloria.

La Reyna [2] está en pie á tu diestra, vestida de oro, * y adornada de diversos colores.

Oye, [3] hija, mira estáme atenta;

que ha dado á los justos coherederos tuyos, y compañeros de tu reyno. *Saci.*

1 ALOE. La vulgata dice GUTTA, el hebréo AHALOT, que es el aloe licor amargo, y oloroso; y esto es lo que aqui se traduce; Y si se quiere traducir el GUTTA, se dirá: DE LA GOTA, ó del licor gomoso, y oloroso que salía sin incision de los árboles nuevos, que llevan la mirra ordinaria. *Belarm. Genebr.*

2 LA REYNA. La Iglesia adornada del oro de la caridad, y de los colores de todas las virtudes. *Saci.*

3 OYE, HIJA. Dice el Padre Eterno á la Iglesia; esto es, á los Judios, y Gentiles que la componen: olvida las ceremonias de la antigua ley, y las supersticiones de la Gentilidad. *Saci.*

ta; * y olvídate de tu pueblo, y de la casa de tu padre.

Y codiciará el Rey tu hermosura; * porque él es tu Señor Dios, y *los pueblos* lo adorarán.

Y las hijas de Tyro *vendrán* con *sus* dones : * todos los ricos del pueblo se presentarán á tí con súplicas.

Toda la gloria de la hija del Rey dentro está *escondida*; * *y está guarnecida* con fajas de oro, y vestida de diversos colores.

Las vírgenes la seguirán, y serán llevadas al Rey: * te serán presentadas *como* amigas [1] suyas.

Se te presentarán con alegría, y regocijo : * al templo del Rey serán conducidas.

Te han nacido hijos en lugar de tus

---

[1] COMO AMIGAS. La vulgata dice PROXIMAS, ó unidas con ella. Esto es: solo las Vírgenes unidas por la caridad con la Iglesia, cuya union forma la mas estrecha, y verdadera amistad, serán presentadas á Jesu-Christo; excluyendo con esto las que estén separadas por el cisma, ó heregia. *Saci.*

tus padres : * tú los constituirás Príncipes sobre toda la tierra.

Perpetuarán la memoria de tu nombre * de generacion en generacion.

. Por esto los pueblos te alabarán
eternamente , * y en los siglos de
los siglos.

Gloria al Padre &c. Como ha sido &c.

Aña. Con tu belleza , y hermosura,
asesta *el tiro de la flecha*, camina con
felicidad *á vencer*, y reyna.

Aña. Dios la asistirá.

SALMO 45. ' *Deus noster refúgium.*

Dios *es* nuestro refugio , y *nuestra
fortaleza* : * *él ha sido nuestro*
ayudador en. las tribulaciones , que
nos han acometido con exceso.

Por esto no temerémos quando se
tur-

---

1 David dá gracias á Dios por sus auxilios,
con los que ha vencido sus enemigos. Conviene á la Iglesia , y al alma justa , que con la
asistencia del Señor triunfan de sus enemigos.
Saci.

turbe[1] la tierra : * y sean transportados los montes al corazon de la mar.

Haciendo *un espantoso* ruido , se agitaron sus aguas : * con su furia fueron trastornados los montes.

El ímpetu del rio alegra la Ciudad de Dios : * el Altísimo ha santificado su tabernáculo.

Dios *está* en medio de ella ; *pues* nunca será movida : * Dios la ayudará muy temprano desde [2] la mañana.

Turbáronse las gentes, y los reynos fueron abatidos : * hizo resonar su voz *del Evangelio* , y tembló la tierra.

El Señor de los exércitos *está* con nosotros : * el Dios de Jacób *es* nuestro defensor.

Ve-

---

1 Se turbe &c. Son expresiones que denotan las persecuciones de la Iglesia. *Saci.*

2 Desde la mañana. Desde la Resurreccion de Jesu-Christo, en que el Señor empezó á hacer lucir el dia claro, y resplandeciente de sus gracias para la Iglesia. *Saci.*

Venid , y ved las obras del Señor; y las maravillas que ha obrado sobre la tierra : * desterrando las guerras hasta los fines de la tierra.

Hará pedazos del arco , y quebrará las armas ; * y quemará los escudos en el fuego.

Vivid en paz , y considerad que yo soy Dios : * yo seré exâltado entre las gentes , y seré exâltado en *toda* la tierra.

El Señor de los exércitos *está* con nosotros : * el Dios de Jacób *es* nuestro defensor.

Gloria al Padre &c. Como ha sido &c.

Aña. Dios la asistirá con su presencia : Dios *está* en medio de ella; *pues* nunca será movida.

Aña. Santa Madre de Dios.

SALMO 86. [1] *Fundaménta ejus.*

SUS cimientos están sobre los montes santos : * el Señor ama las puertas de Sión mas que todas las tiendas de Jacób.

¡ *Quán* gloriosas cosas se han dicho de tí, * Ciudad de Dios!

Me acordaré [2] de Rahab, y de Babilonia, * que me conocen.

Mira como los estrangeros, los de Tyro, y el pueblo de Etiopia, * se juntaron alli.

¿Por ventura no se dirá á Sión, *á la Iglesia*: que un gran número de hombres ha nacido en ella *por el Bautismo?* * ¿y que el mismo Altísimo la fundó?

El

1 David hace un elogio de Jerusalén, figura de la Iglesia, y de la Jerusalén celestial. *Saci.*

2 ME ACORDARE. Me daré á conocer por la fé no solo á los Judios, sino tambien á los Gentiles, como son los EGIPCIOS, BABILONIOS &c. y vendrán estos à adorarme en Jerusalén, ó en mi Iglesia. Los verbos CONOCEN, SE JUNTARON, se entienden de futuro. *Belarmino.*

El Señor, [1] en el padrón de los pueblos, y de los Príncipes, * dirá el número de los que estuvieron en ella.

Vivirán con alegría todos, * los que habitan dentro de tí, *ó Ciudad de Dios.*

Gloria al Padre &c. Como ha sido &c.

Aña. Santa Madre de Dios, todos los que habitamos contigo, vivimos con alegría.

℣. En tus labios se ha derramado la gracia. ℟. Por esto te ha bendecido Dios para siempre.

Padre nuestro, *secretamente.*

℣. Y no nos dexes caer en tentacion. ℣. Mas líbranos de mal.

Absolucion. Se hallará antes de las Lecciones.

Estos tres Salmos se dicen el Miércoles, y Sábado.

Aña. Alégrate, Virgen Maria.

SAL-

---

1 EL SEÑOR. Como todo lo conoce, sabrá el numero de los que forman su Iglesia, mejor que un Rey noticioso de los soldados que componen su exército por la matrícula que tiene de ellos. *Saci.*

SALMO 95. ' *Cantâte Dómino.*

CAntad al Señor un Cántico nuevo : * cantad al Señor *todos los que. habitais* la tierra.

Cantad al Señor, y bendecid su nombre : * anunciad todos los dias *quanto ha hecho por* nuestra salvacion.

Anunciad su gloria entre las gentes ; * y en todos los pueblos sus maravillas.

Porque el Señor es grande, é infinitamente loable : * es mas terrible que todos los demas dioses.

Porque todos los dioses de los gentiles *son* demonios ; * mas el Señor *es el que* ha hecho los cielos.

La alabanza, y la gloria están delante de él : * la santidad, y la magnificencia *brillan* en su santuario.

Venid pues, pueblos gentiles, presentad *dones* al Señor ; ofreced gloria,

1 David compuso este Salmo para la translacion del Arca al monte Sión, y convida á los Judios á alabar á Dios, y á los Gentiles á adorarle. Es una Profecia del establecimiento de la Iglesia. *Saci.*

ria, y honra al Señor: * rendid al Señor la gloria *que es debida* á su nombre.

Tomad víctimas, y entrad en los atrios *de su templo*: * adorad al Señor en su santuario.

Tiemble toda la tierra delante de él: * decid á las gentes, que el Señor ha establecido su reyno.

Porque afirmó toda la tierra, *de modo*, que no será movida: * juzgará los pueblos con equidad.

Alégrense los cielos, y regocíjese la tierra, conmuévase la mar, y todo lo que ella contiene: * manifestarán su gozo los campos, y quanto hay en ellos.

Entonces se alegrarán todos los árboles de las selvas á vista del Señor, porque ha venido *al mundo*; * porque ha venido *á gobernar*, *y* á juzgar la tierra.

Juzgará toda la tierra con equidad, * y á los pueblos segun su verdad.

Gloria al Padre &c. Como ha sido &c.

Aña.

Aña. Alégrate, Virgen Maria, tú sola has destruido todas las heregías en el mundo.

Aña. Virgen Santa.

SALMO 96. [1] *Dóminus regnâvit.*

EL Señor ha reynado, [2] regocíjese la tierra: * alégrense todas las islas.

Cercado está de nubes, y de obscuridad: * la justicia, y el juicio son la basa [3] de su trono.

Delante de él irá el fuego, [4] *

y

1 Este Salmo es una Profecía de las dos venidas de Jesu-Christo, y del establecimiento de su reyno. *Calmet.*

2 HA REYNADO. Es reconocido por Rey, y Juez supremo. *Saci.*

3 BASA. La vulgata dice: CORRECTIO, que significa rectitud, ó direccion; y quiere decir: que su TRONO, ó su justicia se funda en la rectitud, y equidad. *Belarmino.*

4 EL FUEGO. Son expresiones metafóricas, que significan los efectos del poder de Dios en el establecimiento del reyno de Jesu-Christo, triunfando de todos los estorvos, y contradicciones de sus enemigos. Los verbos de pretérito, se entienden de futuro. *Saci.*

C

y abrasará sus enemigos por todas partes.

Sus relámpagos alumbrarán todo el orbe : * los vió la tierra, y fue conmovida.

Los montes se derritieron como cera á la presencia del Señor : * á la presencia del Señor *se derritió* toda la tierra.

Los cielos anunciaron su justicia; * y todos los pueblos vieron su gloria.

Confúndanse todos los que adoran los ídolos ; * y los que se glorían, *y confian* en sus *vanos* simulacros.

Adorádlo, todos sus Angeles: * Sión oyó *que venia su Rey*, y se alegró.

Y las hijas de Judá saltaron de alegría, * Señor, por *causa de* tus juicios.

Porque tú *eres* el Señor altísimo, *que reynas* sobre toda la tierra: * tú eres infinitamente exâltado sobre todos los dioses.

Los que amais al Señor, aborreced el mal: * el Señor guarda las almas de sus Santos : él las librará de manos del pecador.

Ama-

Amaneció la luz para el justo , *
y la alegría para los rectos de corazon.

Justos , alegráos en el Señor ; * y
celebrad con alabanzas la memoria de
la santificacion , *que* de él *habeis recibido.*

Gloria al Padre &c. Como ha sido &c.

Aña. Virgen Santa , hazme digno
de publicar tus alabanzas: dame fuerzas *para combatir* contra tus enemigos.

Aña. Despues del parto.

En el Adviento. Aña. El Angel del
Señor.

Salmo 97. [1] *Cantâte Dômino.*

CAntad al Señor un Cántico nuevo ; * porque hizo marávillas.

Su misma [2] diestra nos salvó , * y
su brazo santo.

El

---

1 Es una Profecía de las dos venidas de Jesu-
Christo , y exhorta á alabar á Dios. *Belarm.*

2 Su misma. La vulgata dice : sibi ; esto
es : Jesu-Christo salvó á los hombres para sí,
quiere decir : para su gloria. *S. Agustin, Belarmino.*

El Señor ha dado á conócer el Salvador *que tenia prometido* : * ha manifestado su justicia á la vista de las gentes.

Se ha acordado de su misericordia, * y de la verdad *de sus promesas hechas* á la casa de Israél.

Todos los términos de la tierra vieron * al Salvador *que* nuestro Dios *ha enviado*.

Todos los que habitais la tierra, cantad con júbilo *alabanzas* á Dios: * cantad, saltad de alegría, cantad con instrumentos.

Cantad *alabanzas* al Señor con la cítara; con la cítara, y á son de salterio, * de clarines, y trompetas.

Cantad con alegría delante del Señor *nuestro* Rey : * muévase la mar, y quanto ella contiene: la tierra, y todos los que la habitan.

Los rios le aplaudirán con la mano, *con el murmullo de sus aguas*, y los montes darán saltos de alegría á la vista del Señor; * porque viene á juzgar, *y gobernar* la tierra.

Juz-

Juzgará, *y gobernaá la tierra con* justicia, * y los pueblos con equidad. Gloria al Padre &c. Como ha sido &c.

Aña. Despues del parto permaneciste Virgen inviolada; Madre de Dios, intercede por nosotros.

En el Adviento. Aña. El Angel del Señor anunció á María *que sería Madre de Dios, y la Señora* concibió *por operacion* del Espíritu Santo. Alleluia.

℣. En tus labios se ha derramado la gracia. ℟. Por esto te ha bendecido Dios para siempre.

Padre nuestro, *secretamente.*

℣. Y no nos dexes caer en tentacion. ℟. Mas líbranos de mal.

Para el primero, y tercer Oficio.

Absolucion. Por los méritos, é intercesion de la bienaventurada siempre Virgen Maria, y de todos los Santos, nos guie el Señor al reyno de los cielos. ℟. Amen.

℣. Padre, ¹ manda que me echen la bendicion. *Ben-*

---

¹ PADRE. El Oficio dice: DOMNE, que es lo mismo que DÓMINE, que significa Señor,

Bendicion. La Virgen Maria nos alcance la bendicion de su piadoso Hijo. R̹. Amen.

LECCION I. *Eccl.* 24.

EN todas las cosas busqué descanso, y estableceré mi morada en la herencia del Señor. Entonces el Criador de todas las cosas me habló, y me ordenó: y el que me crió, descansó en mi tabernáculo, y me dixo: habita en Jacób, Israél sea tu herencia, y en medio de mis escogidos echa *tus* raices.

Mas

y en su lugar se traduce aqui, PADRE; por parecer mas propio.

1 En estas tres Lecciones se habla de la Sabiduría increada, que buscando donde establecer su morada, determinó fijarla en Israél su pueblo escogido; y con esta metáfora nos denota, que deseando Dios derramar sus favores, y gracias sobre los hombres, solo entre todas las naciones del mundo se dignó comunicarlas á los Israelitas. La Iglesia lo aplica á Maria Santísima, por cuya proteccion, y favor consigue el Pueblo Christiano los beneficios que nos hace el Señor. *Tirino.*

Mas tú, Señor, ten misericordia de nosotros. R. Demos gracias á Dios.

R. María, cuya virginidad es santa, é inmaculada, no sé con que alabanzas te venére; * porque llevaste en tu seno al que no cabe en los cielos. V. Bendita tú eres entre todas las mugeres, y bendito es el fruto de tu vientre. Porque llevaste en tu seno al que no cabe en los cielos.

V. Padre, manda que me echen la bendicion.

Bendicion. La misma Virgen de las vírgenes interceda por nosotros al Señor. R. Amen.

LECCION II. Eccl. 24.

Y Asi me afirmé en Sión, y tambien en la santa Ciudad hallé mi descanso; y en Jerusalén establecí mi poder. Me arraigué en el pueblo, que el Señor ha honrado, donde la herencia es la parte de mi Dios, y escogí mi morada en la compañia de todos los santos.

Mas

Mas tú, Señor, ten misericordia de nosotros. R̶ Demos gracias á Dios.

R̶. Bienaventurada eres, Virgen María, que llevaste *en tu vientre* al Señor, Criador del mundo: * tú engendraste al *mismo* que te hizo, y permaneces siempre Virgen. V̶. Dios te salve María, llena *eres* de gracia: el Señor *es* contigo. Tú engendraste al *mismo* que te hizo, y permaneces siempre Virgen.

Si se dice el Te Deum, *se añadirá aqui.* V̶. Gloria al Padre, y al Hijo, y al Espíritu Santo. Tú engendraste al *mismo* que te hizo, y permaneces siempre Virgen.

V̶. Padre, manda que me echen la bendicion.

Bendicion. Concédanos el Señor por *la intercesion de* la Virgen *su* Madre la salud, y la paz. R̶. Amen.

LECCION III. *Eccl.* 24.

EStoy exâltada como los cedros del Líbano, y como los cipreces del monte Sión: Estoy elevada como las

pal-

palmas de Cadés, y como los rosales de Jericó: Estoy ensalzada como los bellos olivos de los campos, y como el plátano *que está plantado* en las plazas junto á la corriente de las aguas. Exhalé un olor como de cinamómo, y de bálsamo aromático: dí *tan* suave fragancia como la de la mirra escogida.

Mas tú, Señor, ten misericordia de nosotros. R̃. *Demos gracias á Dios.*

Si no se dice el Te Deum, *se añadirá aqui.* R̃. *Dichosa eres*, sagrada Virgen Maria, y muy digna de toda alabanza; * porque de tí nació el sol de justicia * *Jesu*-Christo nuestro Dios. V̌. Ruega por el pueblo, suplica por el clero, intercede por el devoto sexô de las mugeres: experimenten tu socorro todos los que celebran la memoria de tu santo nombre. Porque de tí nació el sol de justicia *Jesu*-Christo nuestro Dios.

V̌. Gloria al Padre, y al Hijo, y al Espíritu Santo. *Jesu*-Christo nuestro Dios.

Para el segundo Oficio.

Absolucion. Por los méritos, é intercesion de la bienaventurada siempre Virgen Maria, y de todos los Santos, nos guie el Señor al reyno de los cielos. R̂. Amen.

V̂. Padre, manda que me echen la bendicion.

Bendicion. La Virgen Maria nos alcance la bendicion de su piadoso Hijo. R̂. Amen.

LECCION I. *Luc.* I.

ENvió Dios el Angel Gabriél á una Ciudad de Galiléa, llamada Nazaréth, á una Virgen desposada con un varon de la casa de David, llamado Josef, y *era* el nombre de la Virgen, Maria. Entrando el Angel donde ella estaba, la dixo: Dios te salve llena de gracia: el Señor *es* contigo: bendita tú *eres* entre *todas* las mugeres.

Mas tú, Señor, ten misericordia de nosotros. R̂. *Demos* gracias á Dios.

R̂.

℟. Envió Dios el Angel Gabriél á la Virgen Maria, esposa de Josef, y la anunció lo que se habia de cumplir en ella; y asustada la Virgen del res-plandor de su luz, la dixo: no temas, Maria: tú has hallado gracia delante del Señor: * sabe que concebirás, y parirás *un Hijo*, que será llamado Hijo del Altísimo. ℣. Y el Señor Dios le dará el trono de David su padre, y reynará en la casa de Jacób para siempre. Sabe que concebirás, y pa-rirás *un Hijo*, que será llamado Hijo del Altísimo.

℣. Padre, manda que me echen la bendicion.

Bendicion. La misma Virgen de las vírgenes interceda por nosotros al Se-ñor. ℟. Amen.

Leccion ii. *Luc.* i.

Turbóse la Virgen al oir tales pa-labras, y estaba entre sí pen-sando en la salutacion. Y el Angel la dixo: no temas, Maria; porque
tú

tú has hallado gracia delante de Dios: sabe que concebirás en *tu* vientre, y parirás un Hijo, á quien llamarás Jesus. Este será grande, y será llamado Hijo del Altísimo, y el Señor Dios le dará él trono de David su padre; y reynará en la casa de Jacób para siempre, y su reyno no tendrá fin.

Mas tú, Señor, ten misericordia de nosotros. ℞. *Demos* gracias à Dios.

℞. Dios te salve Maria, llena *eres* de gracia: el Señor *es* contigo: * el Espíritu Santo vendrá sobre tí, y la virtud del Altísimo te hará sombra: y asi el *fruto* santo que nacerá de tí, será llamado Hijo de Dios. ℣. ¿Cómo se hará esto? porque yo no conozco varon. Y respondiendo el Angel, la dixo: el Espíritu Santo vendrá sobre tí, y la virtud del Altísimo te hará sombra: y asi el *fruto* santo que nacerá de tí, será llamado Hijo de Dios.

Quando en las fiestas de nuestra Señora en el Adviento, y en la fiesta de de la Anunciacion, se dice el Te Deum, se añadirá aqui. ℣. Gloria al Padre, y al Hijo, y al Espíritu Santo. Y asi el *fruto* santo que nacerá de tí, será llamado Hijo de Dios.

℣. Padre, manda que me echen la bendicion.

Bendicion. Concédanos el Señor por *la intercesion de* la Virgen *su* Madre la salud, y la paz. ℞. Amen.

LECCION III. *Luc.* 1.

DIxo Maria al Angel : ¿Cómo se hará esto? porque yo no conozco varon. Y respondiendo el Angel, la dixo : el Espíritu Santo vendrá sobre tí, y la virtud del Altísimo te hará sombra. Y asi el *fruto* santo que nacerá de tí, será llamado Hijo de Dios. Y sabe que tu prima Isabél tambien ha concebido un hijo en su vejéz ; y la que *todos* llamaban estéril, ya está en el sexto mes *de su preñado*; porque para Dios no hay cosa imposible. Dixo entonces Maria:
he

he aqui la esclava del Señor, hágase en mí segun tu palabra.

Mas tú, Señor, ten misericordia de nosotros. Ŗ. *Demos* gracias á Dios.

Quando en las fiestas de nuestra Se-ñora en el Adviento, y en la fiesta de la Anunciacion, se dice Te Deum, *se omitirá el* Ŗ. Recibe, Virgen Maria la anunciacion, que de parte de Dios te ha traido el Angel: concebirás, y parirás *un Hijo, que será* Dios, y hombre juntamente: * de modo que serás llamada bendita entre todas las mugeres. Ŷ. Parirás pues un Hijo, sin perder nada de *tu* virginidad: esta-rás en cinta, y serás Madre siem-pre intacta. De modo que serás lla-mada bendita entre todas las mugeres. Ŷ. Gloria al Padre, y al Hijo, y al Espíritu Santo. De modo que serás llamada bendita entre todas las mu-geres.

El Himno Te Deum, *se puede de-cir desde la Natividad de nuestro Se-ñor hasta Septuagésima; y desde el Domingo de Resurreccion hasta el*

Ad-

Adviento; y en el Adviento, y desde Septuagésima hasta la Pasqua, no se ha de decir sino en las fiestas de nuestra Señora.

HIMNO.   TE DEUM.

A TÍ, ó Dios, te alabamos: á tí por *soberano* Señor te reconocemos.

A tí, por Padre Eterno toda la tierra te venera.

A tí todos los Angeles: á tí los cielos, y todas las Potestades.

A tí los Querubines, y Serafines cantan sin cesar:

Santo, Santo, Santo es el Señor Dios de Sábaoth.

Los cielos, y la tierra están llenos de la magestad de tu gloria.

A tí el glorioso coro de los Apóstoles,

A tí la venerable multitud de los Profetas,

A tí el generoso exército de los Mártires cantan tus alábanzas.

A

A tí la Iglesia santa confiesa, *y publica* por toda la tierra:

Que eres el Padre de inmensa ma‐gestad.

Y que debe ser adorado tu verda‐dero, y único Hijo,

Y tambien el Espíritu Santo con‐solador.

Tú, ó *Jesu*-Christo *eres* el Rey de la gloria.

Tú eres el Hijo eterno del Padre,

Tú, que para libertar al hombre, quisiste hacerte hombre, y no te des‐deñaste *habitar en el* vientre de una Virgen.

Tú abriste para los fieles el reyno de los cielos, despues de haber rom‐pido el aguijon de la muerte.

Tú estás sentado á la diestra de Dios en la gloria del Padre.

Creemos que vendrás, *para ser nuestro* juez.

Rogámoste pues, que socorras á tus siervos, que con *tu* preciosa san‐gre redimiste.

Haz que en la gloria eterna sean
con‐

contados en el número de tus Santos.

Salva, Señor, á tu pueblo, y bendice tu herencia.

Rígelos, y ensálzalos hasta la eternidad.

Todos los dias te bendecimos.

Y alabamos tu nombre en los siglos, y en los siglos de los siglos.

Dígnate, Señor, en este dia conservarnos sin pecado.

Ten misericordia de nosotros, Señor, ten misericordia de nosotros.

Descienda, Señor, tu misericordia sobre nosotros, segun la esperanza que tenemos puesta en tí.

Señor, en tí he esperado; no sea yo jamas confundido.

A LAUDES.

℣. DIOS, entiende en mi ayuda. ℞. Señor, no tardes en socorrerme. ℣. Gloria al Padre &c. ℞. Como ha sido &c. Amen. Alleluia. O : Alabado seas, Señor Rey de eterna gloria.

D   Pa-

Para el primer Oficio. Aña. Maria
fue llevada.

Para el segundo. Aña. Envió Dios.

Para el tercero. Aña. ¡O admirable
comercio!

SALMO 92. [1] *Dóminus regnâvit.*

EL Señor ha reynado, [2] se ha ves-
tido de gloria, *y magestad:* * el
Señor se ha revestido de fortaleza,
y se ha ceñido *de poder.*

Porque afirmó la tierra, * *de modo,*
que no será movida.

Tu tronó, *ó Dios,* establecido está desde entonces : * tú eres desde
la eternidad.

Le-

1 El Profeta convida á alabar á Dios, por
su grande poder, que manifestó en la creacion del mundo, y en su reformacion por
Jesu-Christo; y en el establecimiento de la
Iglesia. *Saci.*

2 HA REYNADO. Dios empezó á extender su
reyno sobre las criaturas, quando estas em-
pezaron á ser por la creacion; y Jesu-Christo empezó su reynado despues de su resurreccion. *Saci.*

Levantaron [1] los rios, Señor: *
levantaron los rios su voz.

Levantaron los rios sus olas, *
por el ruido de muchas aguas.

Admirables *son* las elevaciones de
la mar; * *mas* el Señor *que está* en
los cielos *es mas* admirable.

Tus testimonios son muy dignos
de ser creidos: * en tu casa, Señor,
conviene la santidad en los siglos
de los siglos.

Gloria al Padre &c. Como ha sido &c.

Para el primer Oficio. Aña. Maria
fue llevada al cielo: se alegran los
Angeles, alaban, y bendicen al Señor.

Aña. La Virgen Maria.

Para el segundo Oficio. Aña. Envió
Dios el Angel Gabriél á la Virgen
Maria, esposa de Josef.

Aña. Dios te salve Maria.

Para el tercer Oficio. Aña. ¡O admirable comercio *entre Dios, y los*
hom-

---

1 LEVANTARON &c. Son expresiones metafóricas, que denotan las persecuciones de la
Iglesia en su establecimiento. *Saci.*

hombres! El Criador del género humano, tomando un cuerpo animado, se dignó nacer de una Virgen ; y siendo hombre sin obra de varon, nos ha hecho participantes de su divinidad.

Aña. Quando naciste.

SALMO 99. [1] *Jubilâte.*

PUeblos *de* toda la tierra , alabad á Dios con júbilo : * servid al Señor con alegria.

Entrad , *y presentáos* delante de él * con regocijo.

Sabed , que el Señor es *el verda-* *dero* Dios: * él es el que nos hizo , y nosotros no *somos hechos por* nosotros mismos.

Vosotros , pueblo suyo , y ovejas de su dehesa , * entrad por sus puertas con *Cánticos de* alabanzas,

y

1 David exhorta á todos á alabar á Dios, por los beneficios que hemos recibido de su bondad. *Saci.*

y por sus atrios con *Cánticos de
Himnos* : alabadlo.

Alabad su nombre ; porque el Señor es suave , y su misericordia es
eterna ; * y su verdad *se extiende de*
generacion en generacion.

Gloria al Padre &c. Como ha sido &c.

Para el primer Oficio. Aña. La Virgen Maria fue llevada al talamo celestial , donde el Rey de Reyes está
sentado en un trono *adornado* de estrellas.

Aña. Corremos.

Para el segundo Oficio. Aña. Dios te
salve Maria, llena *eres* de gracia : el
Señor *es* contigo : bendita tú *eres* entre *todas* las mugeres. Alleluia.

Aña. No temas , Maria.

Para el tercer Oficio. Aña. Quando naciste de una Virgen por un milagro inefable , entonces se cumplieron las Escrituras , *que decian* : descendiste como la lluvia sobre el vellon , *y veniste* para salvar al género
humano : te alabamos , Dios nuestro.

Aña. Nosotros reconocemos.

Sal-

SALMO 62. [1] *Deus, Deus meus.*

Dios, Dios mio, * yo velo, *y sus-piro* por tí desde que amanece.

Mi alma tiene sed de tí, * ¿y de quántas maneras tambien mi cuerpo *se abrasa de esta sed?*

En *esta* tierra desierta, sin camino, ni agua, * me presenté delante de tí, como *si estuviese* en *tu* santuario; para contemplar tu poder, y tu gloria.

Porque tu misericordia es mejor que *todas* las vidas: * mis labios te alabarán.

Asi te bendeciré toda mi vida; * y levantaré mis manos, invocando tu nombre.

Sea llena mi alma *de tus gracias,* como de alimento substancioso, que la

***

1 David retirado en un desierto por la persecucion de sus enemigos, se consuela alabando á Dios, y asegura, que en vano persiguen los hombres al alma que tiene el favor, y proteccion de Dios. Conviene á una alma justa, perseguida de sus enemigos, y protegida de Dios. *Saci.*

la engorde; * y con labios *llenos* de alegría te alabará mi boca.

Si en mi lecho me acordé de tí, á la madrugada meditaré en tí; * porque has sido mi ayudador.

Y mi gozo será verme á la sombra de tus alas: mi alma se ha unido contigo para seguirte: * tu diestra me ha recibido *baxo tu proteccion.*

Mas mis enemigos en vano buscaron *quitarme* la vida; entrarán ᵃ en lo mas hondo de la tierra: * á espada morirán: partes de raposas serán.

Pero el Rey en Dios se alegrará: alabados serán todos los que juran ᵇ por él; * porque la boca de los que hablan iniquidades se ha cerrado.

Aqui no se dice Gloria al Padre &c.

SAL-

1 ENTRARAN. Caerán en el infierno, y serán entregados al rigor de la justicia del Señor: SERAN PARTES, ó la herencia de los demonios, figurados en las raposas. *S. Hilario, Belarm.*

2 JURAN. Como el juramento es un acto de Religion, los que juran por Dios, y nó por los idolos, reconocen, y adoran al Señor como Dios verdadero, y estos serán dignos de alabanza. *S. Hilario, S. Agustin.*

D 4

SALMO 66. *Deus misereâtur.*

Dios tenga misericordia de nosotros, y nos bendiga : * haga
resplandecer sobre nosotros *la luz* de
su rostro, y tenga misericordia de
nosotros.

Paraque conozcamos, *Señor*, tu
camino en la tierra : * y en todas las
gentes *sea conocido* el Salvador *prometido.*

Alábente los pueblos, ó Dios : *
alábente todos los pueblos.

Alégrense, y regocíjense las gentes ; * porque juzgas los pueblos con
equidad, y diriges las gentes en la
tierra.

Alábente los pueblos, ó Dios:
alábente todos los pueblos : * la tierra ² dió su fruto.

Bendíganos Dios, nuestro Dios,
bendíganos Dios : * y témanlo todos
los

1 David suspira por la venida del Mesías,
y predice la extension de la Iglesia por todo
el mundo. *Belarmino.*

2 LA TIERRA virginal de Maria dió el fruto de su vientre Jesus. *Calmet.*

los que habitan los fines *mas remotos* de la tierra.

Gloria al Padre &c. Como ha sido &c.

Para el primer Oficio. Aña. Corremos tras el olor de tus bálsamos, las doncellitas te amaron mucho.

Aña. Bendita eres.

Para el segundo Oficio. Aña. No temas, Maria: tú has hallado gracia delante del Señor : sabe que concebirás, y parirás un Hijo. Alleluia.

Aña. El Señor le dará.

Para el tercer Oficio. Aña. Nosotros reconocemos que tu loable virginidad *siempre* se ha conservado, *y que es* como la zarza que vió Moysés *que ardía* sin quemarse : Madre de Dios, intercede por nosotros.

Aña. Salió un renuevo.

CANTICO DE LOS TRES JOVENES en el horno de Babilonia. *Dan.* 3.

Bendecid al Señor, todas las obras del Señor : * alabadlo, y ensalzadlo en todos los siglos.

Ben-

Bendecid ál Señor, Angeles del Señor: * cielos, bendecid al Señor.

Bendecid al Señor, todas las aguas que estáis sobre los cielos: * todas las virtudes del Señor, bendecid al Señor.

Bendecid al Señor, sol, y luna: * estrellas del cielo, bendecid al Señor.

Bendecid al Señor, toda *agua* lluvia, y rocío: * todos los vientos de Dios, bendecid al Señor.

Bendecid al Señor, fuego, y estío:* frio, é invierno, bendecid al Señor.

Bendecid al Señor, rocíos, y escarchas: * yelos, y frios, bendecid al Señor.

Bendecid al Señor, heladas, y nieves: * noches, y dias, bendecid al Señor.

Bendecid al Señor, luz, y tinieblas: * relámpagos, y nubes, bendecid al Señor.

Bendiga la tierra al Señor: * alábelo, y ensálcelo en todos los siglos,

Bendecid al Señor, montes, y collados: * plantas que producís en la tier-

tierra, bendecid todas al Señor.

Bendecid fuentes al Señor: * mares, y rios, bendecid al Señor.

Bendecid al Señor, ballenas, y todos los peces que vivís en las aguas: * todas las aves del cielo, bendecid al Señor.

Bendecid al Señor, todos los animales, y ganados: * hijos de los hombres, bendecid al Señor.

Bendiga Israél al Señor: * alábelo, y ensálzelo en todos los siglos.

Bendecid al Señor, Sacerdotes del Señor: * siervos del Señor, bendecid al Señor.

Bendecid al Señor, espíritus, y almas de los justos: * Santos, y humildes de corazon, bendecid al Señor.

Bendecid al Señor, Ananías, Azarías, Misaél: * alabadlo, y ensalzadlo en todos los siglos.

Bendigamos al Padre, y al Hijo, con el Espíritu Santo: * alabémosle, y ensalcémosle en todos los siglos.

Bendito eres, Señor, en el firmamento del cielo: * loable, y glorioso, so , y ensalzado en todos los siglos.

Aqui no se dice Gloria al Padre &c.

Para el primer Oficio. Aña. Bendita eres del Señor , ó hija *santa* ; porque por tí hemos *recibido* , *y* participado del fruto de vida.

Aña. Hermosa eres.

Para el segundo Oficio. Aña. El Señor le dará el trono de David su padre , y reynará para siempre.

Aña. Hé aqui la esclava del Señor.

Para el tercer Oficio. Aña. Salió un renuevo de la raiz de Jesé, nació una estrella *de la casa* de Jacób: una Virgen parió al Salvador : te alabamos, Dios nuestro.

Aña. Sabed , que Maria.

SALMO. 148. [1] *Laudáte Dóminum.*

A Labad al Señor , *los que estais* en los cielos : * alabadlo en las alturas.   Ala-

---

1 En estos tres Salmos convida el Profeta á los Angeles, á los hombres , y á todas las criaturas á alabar á Dios. *Saci.*

Alabadlo, todos sus Angeles : * alabadlo todos sus exércitos.

Alabadlo, sol, y luna : * alabadlo todas las estrellas, y la luz.

Alabadlo, cielos de los cielos : * y todas las aguas que están sobre los cielos, alaben el nombre del Señor.

Porque él habló, y todo fue hecho: * él lo mandó, y todo fue criado.

Estableció estas cosas para siempre, y en los siglos de los siglos : * las puso ley, que no será quebrantada.

Alabad al Señor, *los que vivís* en la tierra : * dragones *marinos*, y todos los abismos.

El fuego, granizo, nieve, yelo, vientos de tempestad, * que obedecen á su palabra:

Montes, y todos los collados : * árboles fructíferos, y todos los cedros:

Animales, y todos los ganados : * serpientes, y aves que vuelan:

Reyes de la tierra, y todos los pueblos, * Príncipes, y todos los Jueces de la tierra:

Jó-

Jóvenes, y vírgenes, viejos, y niños, alaben el nombre del Señor; * porque solo su nombre es *grande*, *y* exâltado.

Su alabanza *se canta* en el cielo, y sobre la tierra : * y *él* ha exâltado el poder de su pueblo;

El es el objeto de alabanza para todos sus Santos : * para los hijos de Israél, pueblo á él consagrado.

SALMO 149. *Cantâte.*

CAntad al Señor un Cántico nuevo: * *resuene* su alabanza en la congregacion de los Santos.

Alégrese Israél en el mismo que lo ha criado: * y los hijos de Sión, regocíjense en su Rey.

Alaben su nombre con conciertos de música: * canten *sus alabanzas* con tímpano, y salterio.

Porque el Señor ha puesto su complacencia en su pueblo : * y exâltará los mansos, y los salvará.

Se regocijarán los Santos en la gloria:

ria : * se alegrarán en el lugar de su descanso.

Alabanzas de Dios *tendrán* en sus gargantas , * y espadas de dos filos en sus manos.

Para vengarse de las naciones , * y para reprehender , *y castigar* los pueblos.

Para poner sus Reyes en grillos, * y sus nobles en esposas de hierro.

Para executar sobre ellos el juicio prescrito *de Dios* : * esta gloria *tiene Dios reservada* para todos sus Santos.

Salmo 150. *Laudâte.*

A Labad al Señor en sus Santos: [1] * alabadlo en el firmamento de su poder.

Alabadlo en su poder : * alabadlo segun la inmensidad de su grandeza.

Alabadlo á son de trompeta : * alabadlo con salterio , y cítara.

Ala-

1 En sus Santos, O en el Santuario del cielo. *Belarmino.*

Alabadlo con tímpano, y conciertos de música: * alabadlo con instrumentos de cuerdas, y con el órgano.

Alabadlo con címbalos armoniosos: alabadlo con címbalos de júbilo: * todo espíritu alabe al Señor.

Gloria al Padre &c. Como ha sido &c.

Para el primer Oficio. Aña. Hermosa eres, y agraciada, hija de Jerusalén: terrible *eres* cómo los reales de un exército bien ordenado.

Para el segundo Oficio. Aña. He aqui la esclava del Señor, hágase en mí segun tu palabra.

Para el tercer Oficio. Aña. Sabed, que Maria nos engendró el Salvador, del qual, luego que lo vió San Juan, exclamó diciendo: Veis aqui el Cordero de Dios, veis aqui el que quita los pecados del mundo. Alleluia.

Para el primero, y tercer Oficio.

CAPITULO. *Cant.* 6.

LAS hijas de Sión la vieron, y la publicaron por muy dichosa, y las Reynas la alabaron. ℞. *Demos* gracias á Dios.

Pa-

Para el segundo Oficio.

CAPITULO. *Isai.* 11.

SAldrá una vara de la raíz de Jesé,
y de esta vara nacerá una flor:
sobre la qual descansará el Espíritu
del Señor. ℞. *Demos* gracias á Dios.

HIMNO.

¡O Virgen la mas pura, y mas
gloriosa,
entre los astros bellos ensalzada!
que al Niño, por quien tú fuiste criada,
sustentas á tus pechos amorosa.

Tú vuelves con el fruto sacrosanto
lo que perdió infelíz Eva engañada,
y del cielo la puerta antes cerrada,
abres á los que yacen en el llanto.

Tú eres puerta del Rey mas excelente,
y de la luz morada esclarecida:
aplauda la salud, que redimida
logra ya tan felíz toda la gente.

Jesus, sea á tí gloria, y alabanza,
que de Virgen naciste el mas hermoso:
con el Padre, y Espíritu amoroso,
por los siglos eternos sin mudanza.
Amen.

E

℣. Bendita tú *eres* entre *todas* las mugeres. ℟. Y bendito *es* el fruto de tu vientre.

AL BENEDICTUS.

Para el primer Oficio. Aña. Bien-aventurada Madre de Dios.

Para el tiempo pasqual. Aña. Alé-grate.

Para el segundo Oficio. Aña. El Es-píritu Santo.

Para el tercer Oficio. Aña. Un mis-terio admirable.

CANTICO DE ZACARIAS. *Luc.* 1.

BEndito *sea* el Señor Dios de Is-raél; * porque ha visitado, y redimido su pueblo.

Y nos ha suscitado un Salvador poderoso, * en la casa de David su siervo.

Segun lo tenia prometido por boca de sus Santos Profetas, * que nos pre-cedieron en los siglos pasados:

Que nos salvaria de nuestros ene-migos, * y de las manos de todos los que nos aborrecen;

Pa-

Para usar de misericordia con nuestros padres; * y *manifestar* que se acordaba de su santa alianza,

Y del juramento, que hizo á Abrahán nuestro padre, * de darse *como Salvador* á nosotros;

Paraque libres *ya* de las manos de nuestros enemigos, sin temor [¹]* le sirvamos,

En santidad, y justicia delante de él, * todos los dias de nuestra vida.

Y tú, ó niño, serás llamado Profeta del Altísimo; * porque irás delante del Señor á prepararle sus caminos;

Para enseñar á su pueblo la ciencia de la salvacion; * á fin de que reciba *de Jesu-Christo* la remision de sus pecados.

Por las entrañas de la misericordia de nuestro Dios : * por las quales el Orien-

1 Sin temor. La ley antigua era ley de temor, que obligaba á los Israelitas á servir á Dios como esclavos; más la ley nueva es ley de amor, que nos manda servir á Dios como hijos suyos. *S. Agustin.*

Oriente[1] ha venido á visitarnos desde lo alto.

Para alumbrar á los que están sentados en tinieblas, y sombra de muerte; * y dirigir nuestros pasos por el camino de la paz.

Gloria al Padre &c. Como ha sido &c.

Para el primer Oficio. Aña. Bienaventurada Madre de Dios, Maria siempre Virgen, templo del Señor, sagrario del Espíritu Santo, tú sola sin igual has agradado á nuestro Señor Jesu-Christo: ruega por el pueblo, suplíca por el clero, intercede por el devoto sexô de las mugeres.

Para el tiempo pasqual. Aña. Alégrate, Reyna del cielo, alleluia; porque al que mereciste llevar *en tu vientre*, alleluia: resucitó como lo dixo, alleluia: ruega por nosotros á Dios, alle-

1 EL ORIENTE. Es nombre que dió á Jesu-Christo Zacarías, asi como otros Profetas le dieron el de RENUEVO, LLAVE DE DAVID, LEON DE JUDA &c. y este nombre de ORIENTE alude á que Jesu-Christo vendria como sol de justicia. *Calmet.*

alleluia. Kyrie eléison, Christo eléison, Kyrie eléison. V. Oye, Señor, mi Oracion. R: Y lleguen á ti mis clamores.

Oremos.

Dios, que quisiste, que tu Verbo tomase *nuestra* carne de las entrañas de la bienaventurada Virgen Maria, quando el Angel la anunció *el misterio* : concede á los que humildemente te suplicamos; que pues la creemos verdadera Madre de Dios, nos ampares *con tu gracia* por *medio de* su intercesion. Por el mismo Jesu-Christo nuestro Señor. R. Amen.

Para la Conmemoracion de todos los Santos. Aña. Santos de Dios, dignáos todos interceder por nuestra salvacion, y por la de todos *los hombres*. V. Regocijáos, justos, y alegráos en el Señor. R. Y gloriáos en él todos los rectos de corazon.

Ore-

I Kyrie eleison. Es una palabra griega, que significa : Señor, ten misericordia.

Oremos.

SEñor, protege á tu pueblo, y pues tiene su confianza en el patrocinio de tus Apóstoles San Pedro, y San Pablo, y demas Apóstoles, consérvalo con tu perpetuo amparo.

Rogámoste, Señor, que todos tus Santos nos ayuden en todas partes; paraque venerando sus méritos, experimentemos su patrocinio: y concédenos tu paz en nuestros dias, destierra de tu Iglesia toda *corrupcion*, y malicia, y endereza nuestros pasos, acciones, y nuestra voluntad, y la de todos tus siervos por el camino féliz de nuestra salvacion: recompensa con bienes eternos á nuestros bienhechores; y á todos los fieles difuntos concédeles el eterno descanso. Por nuestro Señor Jesu-Christo, tu Hijo, que siendo Dios vive, y reyna contigo en unidad del Espíritu Santo, por todos los siglos de los siglos. ℞. Amen.

℣. Oye, Señor, mi Oracion. ℞. Y lleguen á tí mis clamores. ℣. Bendi-
ga-

gamos al Señor. ℞. *Demos* gracias á Dios. ℣. Las almas de los fieles *difuntos* por la misericordia de Dios descansen en paz. ℞. Amen.

Para el segundo Oficio. Aña. El Espíritu Santo descenderá sobre tí, Maria: no temas, llevarás en *tu* vientre al Hijo de Dios, alleluia. Kyrie eléison, Christo eléison, Kyrie eléison. ℣. Oye, Señor, mi Oracion. ℞. Y lleguen á tí mis clamores.

Oremos.

DIos, que quisiste, que tu Verbo tomase *nuestra* carne de las entrañas de la bienaventurada Virgen Maria, quando el Angel la anunció *el misterio*: concede á los que humildemente te suplicamos; que pues la creemos verdadera Madre de Dios, nos ampares *con tu gracia* por *medio de* su intercesion. Por el mismo Jesu-Christo nuestro Señor. ℞. Amen.

Para la Conmemoracion de todos los Santos. Aña. Sabed, que el Señor vendrá acompañado de todos sus Santos, y en aquel dia aparecerá una

E 3   gran-

grande luz. Alleluia. ℣. Sabed que se
aparecerá el Señor sobre una blanca
nube. ℞. Acompañado de millares de
Santos.

Oremos.

SUplicámoste, Señor, que purifí-
ques nuestras conciencias, visitándolas *con tu gracia*; paraque quando venga Jesu-Christo tu Hijo, y
Señor nuestro, acompañado de todos los Santos, halle en nosotros
preparada su habitacion, *él mismo*.
Que siendo Dios vive, y reyna contigo en unidad del Espíritu Santo,
por todos los siglos de los siglos.
℞. Amen.

℣. Oye, Señor, mi Oracion. ℞. Y
lleguen á tí mis clamores. ℣. Bendigamos al Señor. ℞. *Demos* gracias á
Dios. ℣. Las almas de los fieles *difuntos* por la misericordia de Dios
descansen en paz. ℞. Amen.

Para el tercer Oficio. Aña. Un misterio admirable se *nos* declara hoy:
la naturaleza *humana* experimenta
una *grande* novedad: Dios se ha hecho

cho hombre ; permanece el mismo
que era antes, y ha tomado lo que
no era, sin padecer mezcla, ni di-
vision. Kyrie eléison, Christo eléison,
Kyrie eléison. ℣. Oye, Señor, mi
Oracion. ℟. Y lleguen á ti mis clamores.

Oremos.

Dios, que haciendo fecunda la
Virginidad de la bienaventurada
Virgen Maria, has dado al género
humano la salvacion eterna : suplicámoste nos concedas, que experimentemos *en nuestras necesidades* la
poderosa intercesion de la Señora,
por la qual merecimos recibir el Autor de la vida nuestro Señor Jesu-
Christo tu Hijo. ℟. Amen.

*Para la Conmemoracion de todos los
Santos.* Aña. Oraciones, ℣. y ℟.
como en el primer Oficio. Pag. 61.

. *Si se termina el Oficio en las Laudes, se dirá una de las Antífonas de
la Virgen, segun el tiempo del Oficio,
como se advertirá en las que se pon-
drán despues de Completas ; pero si*
si-

sigue el Oficio, se dirá una de las
dichas Antífonas despues de las últi-
mas Horas que se rezaren. Lo mismo
se observará al fin de las Vísperas,
quando no se dicen inmediatamente las
Completas, como sucede en la Quares-
ma, que se dicen las Vísperas antes
de comer, excepto los Domingos.

A PRIMA.

Dios te salve Maria &c.

℣. DIOS, entiende en mi ayuda. ℞. Señor, no tardes
en socorrerme. ℞. Gloria
al Padre &c. ℣. Como ha sido &c.
Alleluia. O: Alabado seas, Señor
Rey de eterna gloria.

HIMNO.

Acuérdate, hacedor del universo,
de que en tiempo la forma recibiste
de nuestro fragil cuerpo, y que naciste
del vientre de la Virgen puro, y terso.
¡O

¡O Maria, de Dios Madre dichosa!
tu piedad del maligno nos defienda,
y en la hora final la mas tremenda,
recíbenos benigna, y amorosa.

Jesus, sea á tí gloria, y alabanza,
que de Virgen naciste el mas hermoso:
con el Padre, y Espíritu amoroso,
por los siglos eternos sin mudanza.
Amen.

Para el primer Oficio. Aña. Maria fue.
Para el segundo. Aña. Envió Dios.
Para el tercero. Aña. ¡O admirable comercio!

SALMO 53. '*Deus in nómine tuo.*

Dios, sálvame por *la gloria de* tu
nombre : * y manifiesta tu poder, juzgándome *inocente.*

Dios, oye mi súplica : * dá oídos
á las palabras de mi boca.

Por-

1 David cercado de las tropas de Saúl en el desierto de Ziph, implora el socorro de Dios, paraque lo salve de tan inminente riesgo. Conviene á Jesu-Christo perseguido de los Judios. *Belarmino.*

Porque estraños [1] se han levantado contra mí, y poderosos *enemigos* han procurado *quitarme* la vida: * y no han puesto *el temor de* Dios delante de sus ojos.

Mas he aqui que Dios [2] *es el que* me ayuda; * y el Señor es el que toma mi vida *baxo su proteccion.*

Vuelve [3] contra mis enemigos los males *que me procuran;* * y extermínalos segun la verdad *de tus promesas.* [4]

Yo

1 ESTRAÑOS. Los Zíféos, que manifestándole una falsa amistad, le hicieron traicion, avisando á Saúl, que en su pais hallaría á David, y asi le trataron peor que á un estraño. *Saci.*

2 DIOS &c. Porque dispuso el Señor que los Filistéos invadiesen el reyno de Saúl, y que por esta novedad retirase las tropas que tenian sitiado á David; por esto dice el Profeta, que Dios le ayudaba, y que con sus propios ojos vió EL DESPRECIO, ó la ignominia de la retirada de sus enemigos. *Belarm.*

3 VUELVE. No es imprecacion, sino Profecía del castigo que caería sobre sus enemigos. *Id.*

4 TUS PROMESAS, de castigar los malos, y premiar á los buenos. *Id.*

Yo te ofreceré con *toda* voluntad un sacrificio ; * y alabaré tu nombre, Señor , porque es bueno , *y amable.*

Porque me has sacado de toda tribulacion ; * y mis ojos han mirado con desprecio á mis enemigos. Gloria al Padre &c. Como ha sido &c.

SALMO 84. [1] *Benedixísti.*

BEndixiste , Señor , á tu tierra : * sacaste á Jacób del cautiverio.

Perdonaste la maldad de tu pueblo : * cubriste *con el olvido* todos sus pecados.

Mitigaste toda tu ira ; * y desististe de la ira de tu indignacion.

Conviértenos , Dios Salvador nuestro ; * y aparta de *sobre* nosotros tu ira.

¿Acaso estarás siempre irritado con-

---

[1] Este Salmo es una Profecía de la salida de los Israelítas de la cautividad de Babilonia , y de la redencion del mundo por Jesu-Christo. *Belarmino.*

contra nosotros? * ¿ó harás que se extienda tu ira de generacion en generacion?

Dios, tú te volverás *hácia nosotros*, y nos darás la vida; * y tu pueblo en tí se alegrará.

Muéstranos, Señor, tu misericordia, * y envíanos tu Salvador.

Oiré lo que habláre dentro de mí el Señor Dios; * porque *me* anunciará la paz para su pueblo,

Y para sus Santos, * y para los que se convierten *á él* de *todo* corazon.

Ciertamente el Señor está pronto á salvar á los que le temen; * para que su gloria se establezca en nuestra tierra.

La misericordia, y la verdad se encontraron: ' * la justicia, y la paz se dieron ósculo *de amistad*.

La

---

1 SE ENCONTRARON. En Jesu-Christo; porque por su muerte quedo satisfecha la justicia divina; y la misericordia del Señor libertó al pecador, pagando por él sus deudas, y poniéndole en paz, y reconciliacion con Dios, y esto denota el ósculo de amistad. *Bel.*

La verdad nació de la tierra ; *
y la justicia *nos* miró *favorablemente*
desde el cielo.

Porque el Señor derramará sus
misericordias; * y nuestra tierra dará
su fruto.

Delante de él irá la justicia ; *
y dirigirá sus pasos por camino *recto.*
Gloria al Padre &c. Como ha sido &c.

SALMO 116. ¹ *Laudáte.*

A Labad al Señor , todas las gen-
tes : * pueblos todos, alabadlo.
Porque su misericordia se ha con-
firmado sobre nosotros ; * y la ver-
dad del Señor permanece eternamente.
Gloria al Padre &c. Como ha sido &c.
Para el primer Oficio. Aña. Maria
fue llevada al cielo : se alegraron los
Angeles , alaban , y bendicen al
Señor.

CA-

1 David convida á todas las gentes á alabar
á Dios. *Saci.*

CAPITULO. *Cant.* 6.

¿Uién es esta que camina como la aurora quando sale : hermosa como la luna, escogida como el sol, y terrible como los reales de un exército bien ordenado? ℟. *Demos* gracias á Dios.

℣. Virgen Santa, hazme digno de publicar tus alabanzas. ℟. Dame fuerzas *para combatir* contra tus enemigos. Kyrie eléison, Christo eléison, Kyrie eléison. ℣. Oye, Señor, mi Oracion. ℟. Y lleguen á tí mis clamores.

Oremos.

Dios, que te dignaste escoger para tu habitacion el seno virginal de la bienaventurada *Virgen* Maria: suplicámoste nos concedas; que con el amparo de su proteccion, celebremos con gozo su memoria. *Hazlo* tú, que siendo Dios vives, y reynas con Dios Padre, en unidad del Espíritu Santo, por todos los siglos de los siglos. ℟. Amen.

℣.

℣. Oye, Señor, mi Oracion. ℟. Y lleguen á tí mis clamores. ℣. Bendigamos al Señor. ℟. *Demos* gracias á Dios. ℣. Las almas de los fieles *difuntos* por la misericordia de Dios descansen en paz. ℟. Amen.

Para el segundo Oficio. Aña. Envió *Dios* el Angel Gabriél á la Virgen Maria, esposa de Josef.

Capitulo. *Isai.* 7.

SAbed, que una Virgen concebirá, y parirá un Hijo, cuyo nombre será Manuel: comerá manteca, y miel; mas [1] sabrá reprobar el mal, y escoger el bien. ℟. *Demos* gracias á Dios. ℣. Virgen Santa, hazme digno de publicar tus alabanzas. ℟. Dame

1 MAS &c. Quiere decir: que Jesu-Christo se alimentaría de leche, y miel, como los demas niños; pero que se distinguiría de estos infinitamente; porque en aquella tierna edad teniendo la sabiduría divina, sabría distinguir lo bueno de lo malo. *S. Basilio, S. Geronimo.*

F

me fuerzas *para combatir* contra tus enemigos. Kyrie eléison, Christo eléison, Kyrie eléison. ℣. Oye, Señor, mi Oracion. ℟. Y lleguen á tí mis clamores.

Oremos.

Dios, que quisiste que tu Verbo tomase *nuestra* carne de las entrañas de la bienaventurada Virgen Maria, quando el Angel la anunció *el misterio*: concede á los que humildemente te suplicamos; que pues la creemos verdadera Madre de Dios, nos ampares *con tu gracia* por *medio de* su intercesion. Por el mismo Jesu-Christo tu Hijo, y Señor nuestro, que siendo Dios vive, y reyna contigo en unidad del Espíritu Santo, por todos los siglos de los siglos. ℟. Amen.

℣. Oye, Señor, mi Oracion. ℟. Y lleguen á tí mis clamores. ℣. Bendigamos al Señor. ℟. *Demos* gracias á Dios. ℣. Las almas de los fieles *difuntos* por la misericordia de Dios descansen en paz. ℟. Amen.

Pa-

Para el tercer Oficio. Aña. ¡O admirable comercio *entre Dios, y los hombres!* El Criador del género humano, tomando un cuerpo animado, se ha dignado nacer de una Virgen; y siendo hombre sin obra de varon, nos ha hecho participantes de su divinidad.

CAPITULO. *Cant. 6.*

¿QUién es esta que camina como la Aurora quando sale; hermosa como la luna, escogida como el sol, y terrible como los reales de un exército bien ordenado? ℞. *Demos* gracias á Dios.

℣. Virgen Santa, hazme digno de publicar tus alabanzas. ℞. Dame fuerzas *para combatir* contra tus enemigos. Kyrie eléison, Christo eléison, Kyrie eléison. ℣. Oye, Señor, mi Oracion. ℞. Y lleguen á tí mis clamores.

Oremos.

DIos, que haciendo fecunda la Virginidad de la bienaventurada *Virgen Maria*, has dado al género

hu-

humano la salvacion eterna : suplicámoste nos concedas; que experimentemos *en nuestras necesidades* la *poderosa* intercesion de la Señora, por la qual merecimos recibir el Autor de la vida nuestro Señor Jesu-Christo tu Hijo, que siendo Dios vive, y reyna contigo en unidad del Espíritu Santo, por todos los siglos de los siglos. ℟. Amen.

℣. Oye, Señor, mi Oracion. ℟. Y lleguen á tí mis clamores. ℣. Bendigámos ál Señor. ℟. *Demos* gracias á Dios. ℣. Las almas de los fieles *difuntos* por la misericordia de Dios descansen en paz. ℟. Amen.

A TERCIA.

Dios te salve Maria &c.

℣. DIOS, entiende en mi ayuda. ℟. Señor, no tardes en socorrerme. ℣. Gloria al Padre &c. ℟. Como ha sido &c. Alleluia. *O:* Alabado seas, Señor Rey de eterna gloria.

HIM-

HIMNO.

Acuérdate, hacedor del universo,
de que en tiempo la forma recibiste
de nuestro fragil cuerpo, y que naciste
del vientre de la Virgen puro, y terso.

¡O Maria, de Dios Madre dichosa!
tu piedad del maligno nos defienda,
y en la hora final la mas tremenda
recíbenos benigna, y amorosa.

Jesus, sea á tí gloria, y alabanza,
que de Virgen naciste el mas hermoso:
con el Padre, y Espíritu amoroso,
por los siglos eternos sin mudanza.
Amen.

Para el primer Oficio. Aña. La Virgen Maria.

Para el segundo. Aña. Dios te salve Maria.

Para el tercero. Aña. Quando naciste.

Salmo 119. [1] Ad Dóminum.

EStando en la tribulacion, clamé al Señor; * y me oyó.

Señor, libra mi alma de labios iniquos, * y de lengua engañosa.

¿Qué se te dará, [2] ó qué se te añadirá, ó *iniquo*, * á tu lengua engañosa?

Pues es como agudas saetas *disparadas* por mano poderosa, * *y acompañadas* con carbones *encendidos*, que *todo lo* abrasan.

¡Ay de mí, que se ha dilatado mi destierro! habité con los moradores de Cedár: * mi alma mucho tiempo ha *que gime en esta* tierra estraña.

Con los que aborrecian la paz, era yo pacífico : * y qüando les habla[1]

1 David en su destierro, y los Israelitas en la esclavitud de Babilonia piden á Dios que los liberte de sus enemigos, para volver á su patria. Conviene al alma justa en el destierro de este mundo. *Belarmino, Saci.*

2 ¿QUE SE TE DARA? &c. Con estas expresiones da á entender el Profeta los daños, y males que causa una mala lengua; porque ES COMO FLECHA &c. *Saci, Belarmino.*

blaba *con mansedumbre*, me hacian
guerra sin causa.
Gloria al Padre &c. Como ha sido &c.

SALMO 120. [1] *Levávi.*

Levanté mis ojos á los montes; *
de·donde·me ha de·venir el
socorro.

Mi socorro *lo espero* del Señor, *
que hizo el cielo, y la tierra.

No permita *el Señor* que resbale
tu pie: * ni se duerma el que te guarda.

Mira, que no dormitará, ni se dor-
mirá: * el que guarda á Israél.

El Señor te guarda, el Señor es tu
proteccion: * él está á tu diestra.

De dia no te quemará el sol: [2] * ni
la luna de noche,

El

[1] Habla David de los Israelitas cautivos en
Babilonia, que suspiraban por su patria: fi-
gura del alma justa, que suspira por el cielo.
Calmet.

[2] EL sol. Son expresiones, para significar
que Dios guarda á los suyos de todo mal.
Saci.

F 4

El Señor te guarda de todo mal: *
el Señor guarde tu alma.

El Señor, guarde tu entrada, [1] y
tu salida : * desde ahora, y hasta
siempre jamas.
Gloria al Padre &c. Como ha sido &c.

SALMO 121. [2] *Lætâtus.*

ME alegré quando me dixeron: *
iremos á la casa del Señor.

*Nos acordamos de quando antes del
cautiverio* estaban nuestros pies * en
tus atrios, ó Jerusalén.

Jerusalén, Ciudad bien edificada: *
cuyos [3] edificios están unidos entre sí.

Por-

---

[1] TU ENTRADA en el combate contra el ene-
migo en las tentaciones; Y TU SALIDA de la
lucha sea con triunfo. *S. Agustin.*

[2] El Profeta describe la hermosura de Jerusalén, y la alegría de los Israelitas, por
la noticia que tuvieron; de que el Rey Ciro
les quería dar licencia para salir del cautiverio de Babilonia. Figura de la alegría que
tiene el alma justa, quando está próxima á
entrar en la Jerusalén celestial. *Belarmino.*

[3] CUYOS EDIFICIOS. Despues que Nabucodo-
no-

Porque alli subieron las tribus, las tribus del Señor; * para alabar el nombre del Señor, segun la orden *de Dios*, ' comunicada á Israél.

Porque alli residió el *supremo* tribunal de la justicia; * y el trono de la casa de David.

Rogad *á Dios*, paraque reyne la paz en Jerusalén; * y paraque los que te aman, ó *Jerusalén*, gozen abundancia *de bienes*.

Haya paz en tus fortalezas; * y abundancia *de bienes* en tus torres.

Por *el amor de* mis hermanos, y de

nosor arruinó á Jerusalén, solo quedaron algunas casas separadas; y despues que volvieron los Israelitas del cautiverio de Babilonia, se reedificó la Ciudad de Jerusalén, y quedó una Ciudad bien formada con casas unidas unas con otras. Esta union puede aplicarse á sus ciudadanos, unidos entre si por la caridad; como lo están perpetuamente los ciudadanos de la Jerusalén celestial. *Saci, Belarmino.*

1 ORDEN DE DIOS. Que mandaba á todos los Israelitas asistir al templo de Jerusalén en las tres principales fiestas del año. *Saci.*

de mis próximos , * he hablado de
paz , *y te la he deseado.*

Por *el amor de* la casa del Señor
nuestro Dios , * te he procurado *todo* bien.

Gloria al Padre &c. Como ha sido &c.

Para el primer Oficio. Aña. La Virgen Maria fue llevada al tálamo celestial , donde el Rey de Reyes está
sentado en un trono *adornado* de estrellas.

CAPITULO. *Eccl.* 24.

Y Asi me afirmé en Sión , y tambien en la santa Ciudad hallé
mi descanso , y en Jerusalén *establecí*
mi poder. R̂. *Demos* gracias á Dios.
V̂. En tus labios se ha derramado la
gracia. R̂. Por esto te ha bendecido
Dios para siempre. Kyrie eléison,
Christo eléison, Kyrie eléison. V̂. Oye,
Señor, mi Oracion. R̂. Y lleguen á tí
mis clamores.

Oremos.

D Ios, que haciendo fecunda la
Virginidad de la bienaventurada *Virgen* Maria , has dado al género

ro humano la salvacion eterna: suplicámoste nos concedas; que experimentemos *en nuestras necesidades* la
poderosa intercesion de la Señora, por
la qual merecimos recibir al Autor de
la vida nuestro Señor Jesu-Christo
tu Hijo. Que siendo Dios vive, y
reyna contigo en unidad del Espíritu
Santo, por todos los siglos de los siglos. R̃. Amen.

℣. Oye, Señor, mi Oracion. R̃. Y
lleguen á tí mis clamores. ℣. Bendigamos al Señor. R̃. *Demos* gracias á
Dios. ℣. Las almas de los fieles *di-*
funtos por la misericordia de Dios descansen en paz. R̃. Amen.

Para el segundo Oficio. Aña. Dios
te salve Maria, llena *eres* de gracia:
el Señor *es* contigo: bendita tu *eres*
entre *todas* las mugeres. Alleluia.

CAPITULO. *Isaí.* 11.

Aldrá una vara de la raíz de Jesé,
y de esta vara nacerá una flor: sobre la qual descansará el Espíritu del
Señor. R̃. *Demos* gracias á Dios.

℣. En tus labios se ha derramado
la

la gracia. ℞. Por esto te ha bendecido Dios para siempre. Kyrie eléison, Christo eléison, Kyrie eléison. ℣. Oye, Señor, mi Oracion. ℞. Y lleguen á tí mis clamores.

Oremos.

Dios, que quisiste, que tu Verbo tomase *nuestra* carne de las entrañas de la bienaventurada Virgen Maria, quando el Angel la anunció *el misterio* : concede á los que humildemente te suplicamos ; que pues la creemos verdadera Madre de Dios, nos ampares *con tu gracia* por *medio de* su intercesion. Por el mismo Jesu-Christo tu Hijo, y Señor nuestro, que siendo Dios vive, y reyna contigo en unidad del Espíritu Santo, por todos los siglos de los siglos. ℞. Amen.

℣. Oye, Señor, mi oracion. ℞. Y lleguen á tí mis clamores. ℣. Bendigamos al Señor. ℞. *Demos* gracias á Dios. ℣. Las almas de los fieles *difuntos* por la misericordia de Dios descansen en paz. ℞. Amen.

Para el tercer Oficio. Aña. Quando na-

naciste de una Virgen por un milagro inefable, entonces se cumplieron
las Escrituras, *que decian*: descendiste como la lluvia sobre el vellon;
y veniste para salvar al género humano: te alabamos, Dios nuestro.

CAPITULO. *Eccl.* 24.

Y Asi me afirmé en Sión, y tambien
en la santa Ciudad hallé mi descanso, y en Jerusalén *establecí* mi
poder. ℞. *Demos* gracias á Dios.

℣. En tus labios se ha derramado la
gracia. ℞. Por esto te ha bendecido
Dios para siempre. Kyrie eléison,
Christo eléison, Kyrie eléison. ℣. Oye,
Señor, mi Oracion. ℞. Y lleguen á tí
mis clamores.

Oremos.

Dios, que haciendo fecunda la Virginidad de la bienaventurada
Virgen Maria, has dado al género
humano la salvacion eterna: suplicámoste nos concedas; qué experimentemos *en nuestras necesidades la
poderosa* intercesion de la Señora, por
la qual merecimos recibir el Autor de
la

la vida nuestro Señor Jesu-Christo
tu Hijo. Que siendo Dios vive, y reyna contigo en unidad del Espíritu
Santo, por todos los siglos de los siglos. ℞. Amen.

℣. Oye, Señor, mi Oracion. ℞. Y
lleguen á tí mis clamores. ℣. Bendigamos al Señor. ℞. *Demos* gracias á
Dios. ℣. Las almas de los fieles *di-*
funtos por la misericordia de Dios
descansen en paz. ℞. Amen.

A SEXTA.

Dios te salve Maria &c.

℣. DIOS, entiende en mi ayuda. ℞. Señor, no tardes
en socorrerme. ℣. Gloria
al Padre &c. ℞. Como ha sido &c.
Alleluia, *O*: Alabado seas, Señor
Rey de eterna gloria.

HIMNO.

Acuérdate, hacedor del universo,
de que en tiempo la forma recibiste
de

de nuestro fragil cuerpo, y que naciste
del vientre de la Virgen puro, y terso.

¡O Maria, de Dios Madre dichosa!
tu piedad del maligno nos defienda,
y en la hora final la mas tremenda,
recíbenos benigna, y amorosa.

Jesus, sea á tí gloria, y alabanza,
que de Virgen naciste el mas hermoso:
con el Padre, y Espíritu amoroso,
por los siglos eternos sin mudanza.
Amen.

Para el primer Oficio. Aña. Corremos.

Para el segundo. Aña. No temas,
Maria.

Para el tercero. Aña. Nosotros reconocemos.

SALMO 122.[1] *Ad te levâvi.*

A Tí levanté mis ojos, *Señor,* *
que habitas en los cielos.

Asi

1 Los Israelitas cautivos en Babilonia suspi-
ran por la patria, y piden á Dios que los
saque del cautiverio: figura de una alma justa, que suspira por el cielo. *Saci.*

Asi como los ojos de los siervos, *
están mirando las manos ¹ de sus Se-
ñores;

Y como los de la esclava *están mirando* las manos de su Señora : * así
nuestros ojos *estarán fixos* en el Señor
nuestro Dios, hasta que tenga misericordia de nosotros.

Ten misericordia de nosotros, Señor, ten misericordia de nosotros; *
porque estamos muy hartos de des-
precios.

Porque nuestra alma está muy llena *de miserias* : * *somos* el oprobio de
los ricos, y el desprecio de los soberbios.

Gloria al Padre &c. Como ha sido &c.

SAL-

¹ LAS MANOS. De donde esperan que les ha
de venir el socorro, y sustento; ó bien de
donde les ha venido el castigo; o bien miran
las manos de su Señor, para observar sus acciones, y servirle prontamente, segun era
estilo de los orientales, que mandaban á sus
esclavos con sola la accion, sin tener nece-
sidad de hablarles. *Calmet.*

Salmo 123. [1] *Nisi quia Dóminus.*

SI el Señor no hubiera estado con nosotros, dígalo ahora Israél : * si el Señor no hubiera estado con nosotros.

Quando se levantaron los hombres contra nosotros, * acaso nos hubieran tragado vivos.

Quando su furor se encendía contra nosotros, * acaso *como rápido* torrente nos habría ya sorbido.

Nuestra alma pasó *este* torrente *de aflicciones* : * acaso nuestra alma habria pasado un agua intolerable *sin poder salir.*

Bendito *sea* el Señor, * que no permitió que fuésemos presa de sus dientes.

Nuestra alma se ha libertado como páxaro, * *que se escapa* del lazo de los cazadores.

Se

1 Es una accion de gracias á Dios, que el Profeta pone en boca de los Israelitas libertados de la cautividad de Babilonia. Conviene á la Iglesia, y al alma justa, libres de sus enemigos. *Saci.*

G

Se quebró el lazo, * y nosotros que-damos libres.

Nuestro socorro *está* en el nombre del Señor , * que hizo el cielo , y la tierra.

Gloria al Padre &c. Como ha sido &c.

SALMO 124. ¹ *Qui confidunt.*

LOS que confian en el Señor *se mantendrán firmes* como el mon-te Sión : * el que habita en la Je-rusalén *de la Iglesia* , jamas será mo-vido.

Los montes la cercan : * y el Se-ñor está al rededor de su pueblo, des-de ahora , y hasta siempre jamas.

Porque no permitirá el Señor que la vara ² de los pecadores esté *siem-pre*

1 A los Israelitas libres ya de la esclavi-tud de Babilonia les asegura el Profeta , que Dios los protegerá , si ponen en él su con-fianza. Figura de la proteccion de Dios para con la Iglesia , y el alma justa. *Saci.*

2 LA VARA. Quiere decir : si el Señor pone en las manos de los malos LA VARA , esto es, el poder para afligir á los justos , que son su

SUBR-

pre sobre la suerte de los justos ; * paraque estos no extiendan *tambien* sus manos á la iniquidad.

Haz bien , Señor , á los buenos, * y rectos de corazon.

Mas á los que se apartan ¹ *de esta rectitud para andar* por caminos torcidos, los juntará el Señor con los que cometen la iniquidad ; * *mas habrá* paz sobre Israél.

Gloria al Padre &c. Como ha sido &c.

Para el primer Oficio. Aña. Corremos tras el olor de tus bálsamos: las doncellitas te amaron mucho.

CAPITULO. *Eccl.* 24.

Y Me arraigué en el pueblo *que el Señor ha* honrado, donde la herencia es la parte de mi Dios ; y

es-
suerte, ó herencia ; no permite que sus aflicciones exeedan sus fuerzas, ni sean duraderas ; antes bien luego endulza su amargura con sus consolaciones, y gracias. *Bel.*

1 SE APARTAN. Habla de los hipócritas, y de los tibios, que por las aflicciones , y trabajos se apartan del recto camino de la ley, y estos serán castigados con los que abiertamente obran la maldad. *Saci.*

escogí mi morada en la compañia de todos los Santos. ℞. *Demos* gracias á Dios. ℣. Bendita tú *eres* entre *todas* las mugeres. ℞. Y bendito *es* el fruto de tu vientre. Kyrie eléison, Christo eléison, Kyrie eléison. ℣. Oye, Señor, mi Oracion. ℞. Y lleguen á tí mis clamores.

Oremos.

O Dios misericordioso, dá fuerzas á nuestra flaqueza; paraque los que celebramos la memoria de la santa Madre de Dios, con el auxilio de su intercesion nos levantemos de nuestras iniquidades. Por el mismo nuestro Señor Jesu-Christo tu Hijo, que siendo Dios vive, y reyna contigo en unidad del Espíritu Santo, por todos los siglos de los siglos. ℞. Amen.

℣. Oye, Señor, mi Oracion. ℞. Y lleguen á tí mis clamores. ℣. Bendigamos al Señor. ℞. *Demos* gracias á Dios. ℣. Las almas de los fieles *difuntos* por la misericordia de Dios descansén en paz. ℞. Amen.

Pa-

Para el segundo Oficio. Aña. No temas Maria : tú has hallado gracia delante del Señor : sabe, que concebirás, y parirás un Hijo. Alleluia.

CAPITULO. *Luc.* 1.

EL Señor Dios le dará el trono de David su padre, y reynará en la casa de Jacób para siempre, y su reyno no tendrá fin. ℞. *Demos* gracias á Dios.

℣. Bendita tú *eres* entre *todas* las mugeres. ℞. Y bendito *es* el fruto de tu vientre. Kyrie eléison, Christo eléison, Kyrie eléison. ℣. Oye, Señor, mi Oracion. ℞. Y lleguen á tí mis clamores.

Oremos.

DIos, que quisiste, que tu Verbo tomase *nuestra* carne de las entrañas de la bienaventurada Virgen Maria, quando el Angel la anunció *el misterio:* concede á los que humildemente te suplicamos ; que pues la creemos verdadera Madre de Dios,

G 3   nos

nos ampares *con tu gracia* por *medio de* su intercesion. Por el mismo nuestro Señor Jesu Christo tu Hijo, que siendo Dios vive, y reyna contigo en unidad del Espiritu Santo, por todos los siglos de los siglos. ℟. Amen.

℣. Oye, Señor, mi Oracion. ℟. Y lleguen á tí mis clamores. ℣. Bendigamos al Señor. ℟. *Demos* gracias á Dios. ℣. Las almas de los fieles *difuntos* por la misericordia de Dios descansen en paz. ℟. Amen.

Para el tercer Oficio. Aña. Nosotros reconocemos que tu loable virginidad *siempre* se ha conservado, *y que es* como aquella zarza que vió Moysés *que ardía* sin quemarse: Madre de Dios, intercede por nosotros.

CAPITULO. *Eccl.* 24.

Y Me arraigué en el pueblo *que el Señor ha* honrado, donde la herencia es la parte de mi Dios; y *escogí* mi morada en la compañia de todos los Santos. ℟. *Demos* gracias á Dios.

℣.

℣. Bendita tú *eres* entre *todas* las mugeres. ℟. Y bendito *es* el fruto de tu vientre. Kyrie eléison, Christo eléison, Kyrie eléison. ℣. Oye, Señor, mi Oracion. ℟. Y lleguen á tí mis clamores.

Oremos.

Dios que haciendo fecunda la Virginidad de la bienaventurada *Virgen* Maria, has dado al género humano la salvacion eterna: suplicámoste nos concedas; que experimentemos *en nuestras necesidades* la *poderosa* intercesion de la Señora, por la qual merecimos recibir el Autor de la vida, nuestro Señor Jesu-Christo tu Hijo, que siendo Dios vive, y reyna contigo en unidad del Espíritu Santo, por todos los siglos de los siglos. ℟. Amen.

℣. Oye, Señor, mi Oracion. ℟. Y lleguen á tí mis clamores. ℣. Bendigamos al Señor. ℟. *Demos* gracias á Dios. ℣. Las almas de los fieles *difuntos* por la misericordia de Dios descansen en paz. ℟. Amen.

A

A NONA.

Dios te salve Maria &c.

℣. Dios, entiende en mi ayuda. ℞. Señor, no tardes en socorrerme. ℣. Gloria al Padre &c. ℞. Como ha sido &c. Alleluia. *O*: Alabado seas, Señor Rey de eterna gloria.

HIMNO.

Acuérdate, hacedor del universo, de que en tiempo la forma recibiste de nuestro fragil cuerpo, y que naciste del vientre de la Virgen puro, y terso.

¡O Maria, de Dios madre dichosa! tu piedad del maligno nos defienda, y en la hora final la mas tremenda recíbenos benigna, y amorosa.

Jesus, sea á tí gloria, y alabanza, que de Virgen naciste el mas hermoso: con el Padre, y Espíritu amoroso, por los siglos eternos sin mudanza. Amen.

Para el primer Oficio. Aña. Hermosa eres.

Para el segundo. Aña. He aqui la
esclava.

Para el tercero. Aña. Sabed , que
Maria.

SALMO 125. [1] *In converténdo.*

QUando el Señor hizo volver del
cautiverio á los de Sión ; * tu-
vimos grande consuelo. [2]

Entonces nuestra boca se llenó *de
expresiones* de gozo ; * y nuestra lengua *de palabras* de alegría.

En-

1 El Profeta describe la alegría que ten-
drían los Israelitas , quando se les anunciaría
la salida del cautiverio de Babilonia , y la
vuelta á su país. Figura de la publicacion del
Evangelio , que habia de anunciar á los hombres la salida de la esclavitud del pecado , y
la entrada en la patria celestial. Los verbos de
preterito se entienden de futuro. *Belarmino.*
2 CONSUELO. La vulgata dice : COMO CON-
SOLADOS; el hebréo : COMO SOÑANDO ; quiere
decir , que su libertad , y alegría fue tan
impensada , que mas les parecía cosa de sueño que realidad. *Saci.*

Entonçes se dirá entre las gentes: * magnificamente lo ha hecho el Señor con su pueblo.

Magnificamente lo ha hecho el Señor con nosotros: * *por esto* estamos muy alegres.

Haz, Señor, que vuelvan nuestros cautivos; * como un torrente ¹ en tierras australes.

Los que siembran con lágrimas, * segarán con alegría.

A la ida, iban llorando, * y echando su simiente *sobre la tierra.*

Mas á la vuelta, vendrán con alegría, * trayendo sus haces.

Gloria al Padre &c. Como ha sido &c.

SALMO 126. ² *Nisi Dóminus.*

SI el Señor no edificáre la casa, * en vano trabajaron los que la edifican.   Si

1 TORRENTE. Que corre á alegrar con sus aguas las tierras áridas del austro, ó del medio dia. *Saci.*

2 El Profeta predice las persecuciones que á la vuelta de Babilonia padecerían los Israeli-

Si el Señor no guardáre la Ciudad, *
en vano vela el que la guarda.

En vano es que os levantéis antes
de amanecer : * levantáos despues de
haber descansado, los que comeis el
pan de dolor.

Quando el Señor diere á sus amados el *descanso como* sueño, ' * gozarán de la heredad del Señor, y en
recompensa tendrán hijos, frutos de
sus entrañas.

Como flechas en mano poderosa, *
estos hijos serán la defensa *de sus padres oprimidos.*

Bien-
litas, quando sus enemigos procurarían con
esfuerzo impedirles la reedificacion de Jerusalén, y de su Templo. Figura de la Iglesia
en su establecimiento : y los exhorta á poner
en Dios toda su confianza. *Saci.*

1 Sueño. Esto es : Despues de las aflicciones del cautiverio, dará Dios paz á su pueblo, gozando con tranquilidad de la tierra
de promision, que es la heredad del Señor,
siendo ellos, y sus hijos varones fortísimos
contra sus enemigos. *Belarmino.* O bien : despues del sueño de la muerte, poseerán la herencia de Dios en el cielo, adquirida por el
Hijo de un vientre virginal. *Fr. Luis de Gran.*

· Bienaventurado el hombre que en ellos verá cumplidos sus deseos : * no será confundido quando hablará en la puerta ¹ á sus enemigos.

Gloria al Padre &c. Como ha sido &c.

SALMO 127. ² *Beâti omnes.*

BIenaventurados todos los que temen al Señor, * y andan por sus caminos.

· *El bendecirá* el trabajo de tus manos , y tú comerás *el fruto* : * serás dichoso, y colmado de bienes.

Tu muger *será* como una vid fecunda , * en el retiro de su casa.

Tus hijos, como los renuevos *al rededor* de un olivo, * *estarán* al rededor de tu mesa.

· He aqui las bendiciones que recibirá el hombre * que teme al Señor.

El

---

1 EN LA PUERTA. Esto es : ante los tribunales de justicia. *Saci.*

2 El Profeta asegura á los Israelitas que á la vuelta de Babilonia tendrán abundancia de bienes , si cumplen con la ley de Dios. *Saci.*

El Señor te bendiga desde Sión; *
y llegues á ver los bienes de Jerusalén todos los dias de tu vida.

Y veas *tambien* los hijos de tus hijos, * y la paz sobre Israél.
Gloria al Padre &c. Como ha sido &c.

Para el primer Oficio. Aña. Hermosa eres, y agraciada, hija de Jerusalén: terrible *eres* como los reales
de un exército bien ordenado.

CAPITULO. *Eccl.* 24.

EN las plazas exhalé un olor como de cinamómo, y de bálsamo
aromático: dí *tan* suave fragrancia
como la de la mirra escogida. R. De-
mos gracias á Dios.

V. Despues del parto permaneciste
Virgen inviolada. R. Madre de Dios,
intercede por nosotros. Kyrie eléison, Christo eléison, Kyrie eléison.
V. Oye, Señor, mi Oracion. R. Y
lleguen á tí mis clamores.

Oremos.

SUplicámoste, Señor, que perdones
los pecados de tus siervos; para
que, ya que con nuestras acciones no
po-

podemos agradarte, seamos salvos
por la intercesion de la Madre de
tu Hijo, y Señor nuestro. El qual
siendo Dios vive, y reyna contigo
en unidad del Espíritu Santo, por todos los siglos de los siglos. ℞. Amen.

℣. Oye, Señor, mi Oracion. ℞. Y
lleguen á tí mis clamores. ℣. Bendigamos al Señor. ℞. *Demos* gracias á
Dios. ℣. Las almas de los fieles *difuntos* por la misericordia de Dios,
descansen en paz. ℞. Amen.

Para el segundo Oficio. **Aña.** He
aqui la esclava del Señor, hágase en
mí segun tu palabra.

CAPITULO. *Isai.* 7.

SAbed, que una Virgen concebirá,
y parirá un Hijo, cuyo nombre
será Manuel: comerá manteca, y
miel; mas sabrá reprobar el mal, y
escoger el bien. ℞. *Demos* gracias á
Dios.

℣. El Angel del Señor anunció á
Maria. ℞. Y concibió *por operacion* del
Es-

Espíritu Santo. Kyrie eléison, Christo eléison, Kyrie eléison. ℣. Oye, Señor, mi Oracion. ℟. Y lleguen á tí mis clamores.

Oremos.

Dios, que quisiste que tu Verbo tomase *nuestra* carne de las entrañas de la bienaventurada Virgen Maria, quando el Angel la anunció *el misterio:* concede á los que humildemente te suplicamos; que pues la creemos verdadera Madre de Dios, nos ampares *con tu gracia* por *medio de* su intercesion. Por el mismo nuestro Señor Jesu-Christo tu Hijo, que siendo Dios vive, y reyna contigo en unidad del Espíritu Santo, por todos los siglos de los siglos. ℟. Amen.

℣. Oye, Señor, mi Oracion. ℟. Y lleguen á tí mis clamores. ℣. Bendigamos al Señor. ℟. *Demos* gracias á Dios. ℣. Las almas de los fieles *difuntos* por la misericordia de Dios descansen en paz. ℟. Amen.

Para el tercer Oficio. Aña. Sabed, que Maria nos engendró el Salvador,

del

del qual, luego que lo vió San Juan, exclamó diciendo: Veis aqui el Cordero de Dios; veis aqui el que quita los pecados del mundo. Alleluia.

CAPITULO. *Eccl.* 24.

EN las plazas exhalé un olor como de cinamómo, y de bálsamo aromático: dí *tan* suave fragrancia como la de la mirra escogida. ℞. *Demos* gracias á Dios.

℣. Despues del parto permaneciste Virgen inviolada. ℞. Madre de Dios, intercede por nosotros. Kyrie eléison, Christo eléison, Kyrie eléison. ℣. Oye, Señor, mi Oracion. ℞. Y lleguen á tí mis clamores.

Oremos.

DIos, que haciendo fecunda la Virginidad de la bienaventurada *Virgen* Maria, has dado al género humano la salvacion eterna: suplicámoste nos concedas; que experimentemos *en nuestras necesidades* la *poderosa* intercesion de la Señora,

por

por la qual merecimos recibir el Autor de la vida , nuestro Señor Jesu-Christo tu Hijo , que siendo Dios vive , y reyna contigo en unidad del Espíritu Santo , por todos los siglos de los siglos. ℞. Amen.

℣. Oye , Señor , mi Oracion. ℞. Y lleguen á tí mis clamores. ℣. Bendigamos al Señor. ℞. *Demos* gracias á Dios. ℣. Las almas de los fieles *difuntos* por la misericordia de Dios descansen en paz. ℞. Amen.

A VISPERAS.

Dios te salve Maria &c.

℣. DIOS , entiende en mi ayuda. ℞. Señor , no tardes en socorrerme. ℣. Gloria al Padre &c. ℞. Como ha sido &c. Amen. Alleluia. O : Alabado seas, Señor Rey de eterna gloria.

Para el primer Oficio. Aña. Quando.
Para el segundo. Aña. Envió Dios.
Para el tercero. Aña. ¡O admirable comercio!

H   SAL-

SALMO 109. [1] *Dixit Dóminus.*

DIxo el Señor [2] á mi Señor: * siéntate á mi diestra:

Hasta que ponga tus enemigos * por escabélo de tus pies.

El Señor enviará desde Sión la vara de tu poder : * reyna en medio de tus enemigos.

En tí se verá tu imperio en [3] el dia de tu poder entre los resplandores de los Santos : * de mi seno te engendré antes del lucero de la mañana.

Juró el Señor, y no se arrepentirá : * tú eres Sacerdote eterno segun el orden de Melchisedech.

El Señor *está* á tu diestra : * él des-

---

1 Este Salmo habla del reyno, y sacerdocio de Jesu-Christo. *Belarmino.*

2 EL SEÑOR. El Padre. Eterno dixo á su Hijo; y á este Hijo le llama David : MI SEÑOR. *Id.*

3 EN EL DIA del juicio se dará á conocer á todas las gentes, que solo tu reynó es el verdadero, y el que no tiene fin; quando verán que vienes como juez de todos, y acompañado de tus Santos, que resplandecerán como el sol. *S. Agustin.*

destrozó los reyes en el dia de su ira.

Juzgará en medio de las naciones:
todo lo llenará de ruinas *de sus ene-*
migos : * quebrará sobre la tierra
las cabezas de muchos.

En el camino beberá [1] *del agua*
del torrente ; * por esto levantará
su cabeza.

Gloria al Padre &c. Como ha sido &c.

Para el primer Oficio. Aña. Quándo
descansaba el Rey en su lecho, el
nardo, *de que yo me habia uvgido,*
exhaló un olor *muy* suave.

Aña. Su siniestra.

Para el segundo Oficio. Aña. Envió *Dios* el Angel Gabriél á la Virgen Maria , esposa de Josef.

Aña. Dios te salve Maria.

Para el tercer Oficio. Aña. ¡O admirable comercio *entre Dios , y los*
hombres! El Criador del género hu-
ma-

1 BEBERA Jesu-Christo el agua de las tribulaciones DEL TORRENTE de su pasion EN EL
CAMINO de su vida mortal ; y POR ESTA hu-
millacion , y abatimiento será despues ensalzado. *Sati.*

mano , tomando un cuerpo animado,
se dignó nacer de una Virgen : y
siendo hombre , sin obra de varon,
nos ha hecho participantes de su divinidad.

Aña. Quando naciste.

SALMO 112. ' *Laudâte púeri.*

A Labad al Señor , siervos *del Se-*
ñor : * alabad el nombre del
Señor.

Bendito sea el nombre del Señor , *
desde ahora , y hasta siempre jamas.

Desde el Oriente hasta el Occidente , * es digno de ser alabado
el nombre del Señor.

Excelso *es* el Señor sobre todas las
gentes ; * y sobre los cielos *está ele-*
vada su gloria.

¿Quién como el Señor nuestro Dios,
que

1 David convida á alabar á Dios , por su
grandeza , por su gloria , y por su infinita
bondad en cuidar de todas las criaturas , hasta de las mas viles , y despreciables. *Saci.*

que habita en las alturas , * y mira *hasta* lo *mas* humilde *que hay* en el cielo , y en la tierra?

Levantando de la tierra al necesitado, * y elevando del estiercol al pobre.

Para colocarlo con los Príncipes , * con los Príncipes de su pueblo.

El qual hace que la esteril tenga en su casa * la alegria de verse madre de *muchos* hijos.

Gloria al Padre &c. Como ha sido &c.

Para el primer Oficio. Aña. Su siniestra *está* baxo de mi cabeza , y con su diestra me abrazará.

Aña. Negra soy.

Para el segundo Oficio. Aña. Dios te salve Maria , llena *eres* de gracia : el Señor *es* contigo : bendita tú *eres* entre *todas* las mugeres. Alleluia.

Aña. No temas , Maria.

Para el tercer Oficio. Aña. Quando naciste de una Virgen por un milagro inefable , entonces se cumplieron las Escrituras , *que decian* : descendiste como la lluvia sobre el vellon , *y veniste* para salvar al género

H 3   hu-

humano : te alabamos , Dios nuestro.

Aña. Nosotros reconocemos.

SALMO 121.[1] *Lætâtus.*

ME alegré quando me dixeron : *
iremos á la casa del Señor.

*Nos acordamos de quando antes del
cautiverio* estaban nuestros pies *
en tus atrios , ó Jerusalén.

Jerusalén, ciudad bien edificada: *
cuyos edificios están unidos entre sí.

Porque alli subieron las tribus,
las tribus del Señor ; * para alabar
el nombre del Señor , segun la orden
de Dios comunicada á Israél.

Porque alli residió el *supremo* tribunal de la justicia; * y el trono de
la casa de David.

Rogad *á Dios* , paraque reyne la
paz en Jerusalén ; * y paraque los
que te aman , ó *Jerusalén* , gocen
abundancia *de bienes.*

Ha-

[1] La explicacion de este mismo Salmo
se hallará en la Pag. 80. Nota 2.

Haya paz en tus fortalezas; * y abundancia *de bienes* en tus torres.

Por *el amor de* mis hermanos, y de mis próximos, * he hablado de paz, *y te la he deseado.*

Por *el amor de* la casa del Señor nuestro Dios, * te he procurado todo bien.

Gloria al Padre &c. Como ha sido &c.

Para el primer Oficio. Aña. Negra soy, pero hermosa, hijas de Jerusalén; por esto el Rey me ha amado, y me ha hecho entrar en su aposento.

Aña. Ya se pasó el invierno.

Para el segundo Oficio. Aña. No temas Maria; tú has hallado gracia delante del Señor: sabe, que concebirás, y parirás un Hijo. Alleluia.

Aña. El Señor le dará.

Para el tercer Oficio. Aña. Nosotros reconocemos que tu loable Virginidad *siempre* se ha conservado, *y que es* como la zarza que vió Moysés *que ardía* sin quemarse : Madre de Dios, intercede por nosotros.

Aña. Salió un renuevo.

S.-

SALMO 126. [1] *Nisi Dóminus.*

SI el Señor no edificáre la casa, *
en vano trabajaron los que la edifican.

Si el Señor no guardáre la Ciudad, * en vano vela el que la guarda.

En vano es que os levantéis antes de amanecer : * levantáos despues de haber descansado, los que coméis el pan de dolor.

Quando el Señor diere á sus amados el *descanso como* sueño, * gozarán de la heredad del Señor, y en recompensa tendrán hijos, frutos de sus entrañas.

Como flechas en mano poderosa, * *estos* hijos serán la defensa *de sus padres oprimidos.*

Bienaventurado el hombre que en ellos verá cumplidos sus deseos : * no será confundido quando hablará en la puerta á sus enemigos.

Gloria al Padre &c. Como ha sido &c.

Pa-

---

1 La explicacion de este mismo Salmo se hallará en la Pag. 98. Nota 2.

Para el primer Oficio. Aña. Ya pasó el invierno, cesaron las lluvias: levántate pues, amiga mia, y ven.

Aña. Hermosa eres.

Para el segundo Oficio. Aña. El Señor le dará el trono de David su padre, y reynará para siempre.

Aña. He aqui la esclava del Señor.

Para el tercer Oficio. Aña. Salió un renuevo de la raíz de Jesé: nació una estrella *de la casa* de Jacób: una Virgen parió al Salvador : te alabamos, Dios nuestro.

Aña. Sabed, que Maria.

SALMO 147. [1] *Lauda, Jerúsalem.*

Alaba, Jerusalén, al Señor : * alaba, Sión á tu Dios.

Por-

[1] Despues que los Israelitas, á la vuelta de Babilonia reedificaron á Jerusalén, y su templo; y disfrutaron de una tranquila paz, dexando vencidos á todos sus enemigos : les exhorta el Profeta á dar gracias á Dios por tantos beneficios. Figura de los justos en la celestial Jerusalén. *Saci.*

Porque reforzó las cerraduras de tus puertas : * y en tí bendixo á tus hijos.

Puso la paz dentro de tus fronteras ; * y te dá en abundancia el mejor trigo para tu sustento.

Envia su palabra á la tierra ; * y su palabra corre velozmente *á cumplir sus órdenes.*

Dá la nieve como lana : [1] * esparce la niebla como ceniza.

Envia el yelo como pedazos [2] de cristal : * *¿el rigor de* este frio quién lo podrá sufrir?

Enviará su palabra, y lo derretirá : * soplará su viento, y correrán las aguas.

Anuncia su palabra á Jacób : *

sus

---

[1] Como LANA. Da la nieve, que como lana fomenta , y fecunda la tierra. *San Juan Chrisostomo.*

[2] Como PEDAZÓS. La vulgata dice BUCCELLAS , que algunos entienden PEDAZOS DE PAN, esto es , que los pedazos del yelo son para la tierra como pedazos de pan , que la alimentan , y fecundan. *S. Juan Chrisostomo.*

sus justicias, y sus juicios á Israél.

No ha hecho otro tanto con todas las *demas* naciones: * ni les ha manifestado sus juicios.

Gloria al Padre &c. Como ha sido &c.

Para el primer Oficio. Aña. Hermosa eres, y llena de dulzura en tus delicias, santa Madre de Dios.

Para el segundo Oficio. Aña. He aqui la esclava del Señor, hágase en mí segun tu palabra.

Para el tercer Oficio. Aña. Sabed, que Maria nos engendró el Salvador, del qual luego que lo vió Juan, exclamó, diciendo: Veis aqui el Cordero de Dios: veis aqui el que quita los pecados del mundo. Alleluia.

Para el primero, y tercer Oficio.

CAPITULO. *Eccl.* 24.

DEsde el principio, y antes de *todos* los siglos he sido formada, y no dexaré de ser en todos los siglos; y delante *del Señor* he exercido mi ministerio en la santa habitacion. ℞. *Demos* gracias á Dios.

Pa-

Para el segundo Oficio.

CAPITULO. *Isai.* 11.

SAldrá una vara de la raíz de Jesé, y de esta vara nacerá una flor: sobre la qual descansará el Espíritu del Señor. ℞. *Demos* gracias á Dios.

HIMNO

DIos te salve, del mar estrella hermosa.
Madre del mismo Dios santa, y sagrada,
Virgen siempre, y por siempre inmaculada,
puerta del paraiso deliciosa.
Pues de Gabriél oiste el deseado
Ave tan soberano, y excelente,
fúndanos en la paz mas permanente,
el triste nombre de Eva ya mudado.
A los reos desata las prisiones,
con tu luz á los ciegos ilumina,
nuestros males ahuyenta, y extermina,
y alcancen todo bien tus oraciones.

Mues-

Muestra pues, que eres Madre ge-
nerosa,
reciba nuestros ruegos por tu nombre
el que naciendo en tiempo por el
hombre,
ser tuyo se dignó, Madre amorosa.

¡O Virgen singular, ó Virgen pura!
entre todas benigna, dulce, afable,
libres ya de la culpa detestable,
danos la castidad, y la dulzura.

Nuestra vida por tí sea inocente,
muéstranos el camino para el cielo,
donde, viendo á Jesus nuestro consuelo,
nos gozémos con él eternamente.

Sea á Dios Padre gloria, y alabanza,
á Christo sumo Rey aplauso dado,
y al mas divino Amor Santo, y sagrado,
á todas tres Personas sin mudanza.
Amen.

℣. En tus labios se ha derramado la
gracia. ℟. Por esto te ha bendecido
Dios para siempre.

Para el primer Oficio. Aña. Bienaventurada Madre.

E₀

En tiempo pasqual, en lugar de es-
ta Aña, se dice esta otra. Alégrate,
Reyna del cielo.

Para el segundo Oficio. Aña. Maria.
Para el tercero. Aña. ¡O grande
misterio!

CANTICO DE LA VIRGEN MARIA.
Magnificat. Luc. 1.

Engrandece * mi alma al Señor.

Y mi espíritu se alegró * en Dios
mi Salvador.

Porque *el Señor* miró la humildad
de su sierva: * he aqui, que desde
ahora me llamarán bienaventurada
todas las generaciones;

Porque hizo conmigo cosas grandes el todopoderoso : * cuyo nombre es santo.

Y cuya misericordia se extiende de
generacion en generacion, * á los
que le temen.

Manifestó el poder de su brazo : *
disipó de los soberbios *todos* los de-
signios de su corazon.

A

A los poderosos derribó del trono; * y exaltó á los humildes.

A los hambrientos llenó de bienes; * y á los ricos dexó vacíos.

Tomó *baxo su proteccion* á Israél su siervo, * acordándose de su misericordia.

Segun lo tenia prometido á nuestros padres, * á Abrahán, y á sus descendientes para siempre.

Gloria al Padre &c. Como ha sido &c.

Para el primer Oficio. Aña. Bienaventurada Madre, y Virgen intacta, gloriosa Reyna del mundo, intercede por nosotros al Señor.

Para el tiempo pasqual. Aña. Alégrate, Reyna del cielo, alleluia; porque el que mereciste llevar *en tu vientre*, alleluia: resucitó, como lo dixo, alleluia: ruega por nosotros á Dios, alleluia. Kyrie eléison, Christo eléison, Kyrie eléison. ℣. Oye, Señor, mi Oracion. ℟. Y lléguen á tí mis clamores.

Ore-

Oremos.

SUplicámoste, Señor Dios *nuestra*, concedas á los que somos tus siervos, que gozemos de una salud perpetua en el alma, y en el cuerpo: y que, por la gloriosa intercesion de la bienaventurada siempre Virgen Maria, seamos libres de las tristezas de la vida presente, y disfrutemos de las alegrias de la vida eterna. Por nuestro Señor Jesu-Christo. R̷. Amen.

Para la Conmemoracion de todos los Santos. Aña. Santos de Dios, dignáos todos interceder por nuestra salvacion, y por la de todos *los hombres.* V̷. Regocijáos, justos, y alegráos en el Señor. R̷. Y gloriáos en él todos los rectos de corazon.

Oremos.

SEñor, protege á tu pueblo, y pues tiene su confianza en el patrocinio de tus Apóstoles, San Pedro, y San Pablo, y demas Apóstoles, consérvalo con tu perpetuo amparo.

Rogámoste, Señor, que todos tus Santos nos ayuden en todas partes;

pa-

paraque venerando sus méritos, experimentemos su patrocinio: y concéde*nos* tu paz en nuestros dias, destierra de tu Iglésia toda *corrupcion*, y malícia, y endereza nuestros pasos, acciones, y nuestra voluntad, y la de todos tus siervos por el camino feliz de nuestra salvacion: recompensa con bienes eternos á nuestros bienhechores; y á todos los fieles difuntos concédeles el eterno descanso. Por nuestro Señor Jesu-Christo, tu Hijo, que siendo Dios vive, y reyna contigo en unidad del Espíritu Santo, por todos los siglos de los siglos. ℟. Amen.

℣. Oye, Señor, mi Oracion. ℟. Y lleguen á tí mis clamores. ℣. Bendigamos al Señor. ℟. *Demos gracias á Dios.* ℣. Las almas de los fieles *difuntos* por la misericordia de Dios descansen en paz. ℟. Amen.

Para el segundo Oficio. Aña. Maria, el Espíritu Santo descenderá sobre tí, no temas: llevarás en tu seno al Hijo de Dios. Alleluia. Kyrie eléison,

I

son, Christo eléison, Kyrie eléison. ℣. Oye, Señor, mi Oracion. ℟. Y lleguen á tí mis clamores.

Oremos.

DIos, que quisiste que tu Verbo tomase *nuestra* carne de las entrañas de la bienaventurada Virgen Maria, quando el Angel la anunció *el misterio:* concede á los que humildemente te suplicamos; que pues la creemos verdadera Madre de Dios, nos ampares *con tu gracia* por *medio* de su intercesion. Por el mismo nuestro Señor Jesu-Christo tu Hijo, que siendo Dios vive, y reyna contigo en unidad del Espíritu Santo, por todos los siglos de los siglos. ℟. Amen.

Para la Conmemoracion de todos los Santos. Aña. Sabed, que el Señor vendrá acompañado de todos sus Santos, y en aquel dia aparecerá una grande luz. Alleluia. ℣. Sabed que se aparecerá el Señor sobre una blanca nube. ℟. Acompañado de millares de Santos.

Ore-

Oremos.

SUplicámoste, Señor, que purifiques nuestras conciencias, visitándolas *con tu gracia*; paraque quando venga Jesu Christo tu Hijo, y Señor nuestro, acompañado de todos los Santos, halle en nosotros preparada su habitacion, *él mismo*. Que siendo Dios vive, y reyna contigo en unidad del Espíritu Santo, por todos los siglos de los siglos. ℞. Amen.

℣. Oye, Señor, mi Oracion. ℞. Y lleguen á tí mis clamores. ℣. Bendigamos al Señor. ℞. *Demos* gracias á Dios. ℣. Las almas de los fieles *difuntos* por la misericordia de Dios descansen en paz. ℞. Amen.

Para el tercer Oficio. Aña. ¡O grande misterio, *que nos llama* á la herencia *del cielo*! El seno de una Virgen ha llegado á ser templo de Dios: no se ha manchado *el Verbo divino*, tomando carne *de las entrañas* de esta *Virgen*: todas las gentes vendrán diciendo: Señor *sea* para tí *toda* gloria.

I 2 Ky-

Kyrie eléison, Christo eléison, Kyrie eléison. ℣. Oye, Señor, mi Oracion. ℞. Y lleguen á tí mis clamores.

Oremos.

DIos, que haciendo fecunda la Virginidad de la bienaventurada *Virgen* Maria, has dadó al género humano la salvacion eterna: suplicámoste nos concedas; que experimentemos *en nuestras necesidades* la *poderosa* intercesion de la Señora, por la qual merecimos recibir al Autor de la vida nuestro Señor Jesu-Christo tu Hijo, que siendo Dios vive, y reyna contigo en unidad del Espíritu Santo, por todos los siglos de los siglos. ℞. Amen.

Para la Conmemoracion de todos los Santos. Aña. Oraciones, ℣. y ℞. *como en el primer Oficio.* Pag. 120.

A

A COMPLETAS.

Dios te salve Maria &c.

℣. COnviértenos, Dios Salvador nuestro. ℟. Y aparta tu ira de nosotros. ℣. Dios entiende en mi ayuda. ℟. Señor, no tardes, en socorrerme. ℣. Gloria al Padre &c. ℟. Como ha sido &c. Alleluia, O. Alabado seas, Señor Rey de eterna gloria.

SALMO 128. ' Sæpe expugnavérunt.

MUchas veces desde mi juventud me acometieron *mis enemigos,* * dígalo ahora Israél.

Muchas veces desde mi juventud me

1 El Profeta anima á los Israelitas á la vuelta de Babilónia, á que pongan su confianza en Dios, quando se vean perseguidos de sus enemigos; y les trae á la memoria la misericordia de Dios, que les ha librado de los trabajos pasados. Conviene á la Iglesia asistida de los auxilios de Dios contra sus enemigos. *Saci.*

I 3

me embistieron ; * mas nada pudieron contra mí.

Sobre mis espaldas fabricaron [1] los pecadores: * extendieron su maldad.

El Señor, *que es* justo, quebrantó las cervices de *estos* pecadores : * confúndanse, y vuélvanse hácia tras todos los que aborrecen á Sión.

Sean como la yerba de los texados, * que se seca antes que la arranquen.

De la qual, ni el que la siega llena su mano, * ni su seno el que recoge las haces.

Ni los pasageros les dixeron : la bendicion del Señor *sea* sobre vosotros : * *ni les insinuaron* : nosotros os bendecimos en el nombre del Señor. Gloria al Padre &c. Como ha sido &c.

SAL-

---

1 FABRICARON. Como se fabríca el hierro sobre el yunque á golpes de martillo ; asi mis enemigos obraban sobre mí sus iniquidades á golpes de aflicciones, y trabajos. *Belarmino.*

SALMO 129. 1 *De profundis.*

SEñor, desde el profundo abismo, clamé á tí: * Oye, Señor, mi voz.

Estén atentos tus oidos, * á la voz de mi súplica.

Señor, si mirares *mis* iniquidades: * ¿ quién podrá Señor, sufrir *tu justicia?*

Mas en tí hay *abundante* misericordia ; * y en tí, Señor, he esperado por *las promesas que ofrece* tu ley.

Mi alma se ha apoyado en su palabra: * mi alma ha esperado en el Señor.

Desde el amanecer hasta la noche, * espére Israél en el Señor;

Porque el Señor está lléno de misericordia ; * y la redencion , *que nos promete* , es copiosa.

Y él mismo redimirá á Israél , * de todas sus iniquidades.

Gloria al Padre &c. Como ha sido &c.

SAL-

---

1 En este Salmo se halla una oracion á Dios, una exhortacion al pueblo cautivo en Babilonia ; y una Profecía de su Redencion. *Belarmino.*

I 4

SALMO 130. [1] *Dómine non est.*

SEñor, mi corazon no se ha enso-
berbecido; * ni mis ojos se han
levantado *de orgullo*.

Ni he dado paso en *busca de co-*
sas grandes : * ni *de cosas* maravi-
llosas sobre mi *capacidad*.

Si no he tenido sentimientos humildes *de mí mismo*; * sino que mi
alma se ha exâltado *de soberbia:*

Como el niño es destetado, *y*
apartada de los pechos de su madre; *
asi venga sobre mi alma el castigo, *de*
estar apartada de tí.

Espére Israél en el Señor, * desde
ahora, y hasta siempre jamas.

Gloria al Padre &c. Como ha sido &c.

HIMNO.

Acuérdate, hacedor del universo,
de que en tiempo la forma recibiste

de

---

[1] David protesta delante de Dios, que no
ha sido ambicioso, ni soberbio, como lo
acusaban sus enemigos. *Belarmino.*

de nuestro fragil cuerpo, y que naciste
del vientre de la Virgen puro, y terso.

¡O Maria, de Dios Madre dichosa!
tu piedad del maligno nos defienda,
y en la hora final la mas tremenda,
recíbenos benigna, y amorosa.

Jesus, sea á tí gloria, y alabanza,
que de Virgen naciste el mas hermoso,
con el Padre, y Espíritu amoroso,
por los siglos eternos sin mudanza.
Amen.

Para el primero, y tercer Oficio.

CAPITULO. *Eccl.* 24.
YO *soy* la madre del amor honesto,
del temor, de la ciencia, y de la
santa esperanza. R̷. *Demos* gracias
á Dios.

℣. Ruega por nosotros, santa Madre de Dios. R̷. Paraque seamos dignos de las promesas de *Jesu-*Christo.
Para el segundo Oficio.
CAPITULO. *Isai.* 6.
SAbed, que una Virgen concebirá, y
parirá un Hijo, cuyo nombre será
Manuel: comerá manteca, y miel;
mas

mas sabrá reprobar el mal, y escoger el bien. R. *Demos* gracias á Dios. V. El Angel del Señor anunció á Maria. R. Y concibió *por operacion* del Espíritu Santo.

Para el primer Oficio. Aña. Baxo.

Para el tiempo pasqual. Aña. Alégrate.

Para el segundo Oficio. Aña. Maria.

Para el tercero. Aña. ¡O grande!

CANTICO DE SIMEON. *Luc.* 2.

AHora, Señor, dexas *morir* en paz á tu siervo, * segun tu palabra;

Porque ya han visto mis ojos * al Salvador, *que enviaste.*

Y pusiste * á la vista de todos los pueblos.

Como luz, para alumbrar á las gentes; * y *como* gloria de tu pueblo de Israél.

Gloria al Padre &c. Como ha sido &c.

Para el primer Oficio. Aña. Baxo de tu amparo nos acogemos, santa Madre de Dios: no deseches las súpliplicas, *que te hacemos* en nuestras necesidades; mas líbranos siempre de todos los peligros, Virgen gloriosa y bendita.

Para el tiempo pasqual. Aña. Alégrate, Reyna del cielo, alleluia; porque el que mereciste llevar *en tu vientre*, alleluia: resucitó como lo dixo, alleluia: ruega por nosotros á Dios, alleluia. Kyrie eléison, Christo eléison, Kyrie eléison. ℣. Oye, Señor, mi Oracion. ℟. Y lleguen á tí mis clamores.

Oremos.

SUplicámoste, Señor, que la gloriosa intercesion de la bienaventurada, y gloriosa siempre Virgen Maria nos proteja *en esta vida*, y nos conduzca *despues* á la vida eterna. Por nuestro Señor Jesu Christo tu Hijo, que siendo Dios vive, y reyna contigo en unidad del Espíritu Santo, por todos los siglos de los siglos. ℟. Amen.

℣. Oye, Señor, mi Oracion. ℟. Y lleguen á tí mis clamores. ℣. Bendigagamos al Señor. ℟. *Demos gracias á Dios.*

Bendicion. Bendíganos, y nos guarde el Señor omnipotente, y misericordioso, Padre, é Hijo, y Espíritu Santo. ℟ Amen.

Despues se dice de rodillas, excepto el tiempo pasqual, y los Domingos desde las primeras Visperas, una de las Antífonas, que se ponen al último, Pag. 135.

Para el segundo Oficio. Aña. Maria, el Espíritu Santo descenderá sobre tí: no temas, llévarás en tu seno al Hijo de Dios. Alleluia. Kyrie eléison, Christo eléison, Kyrie eléison. ℣. Oye, Señor, mi Oracion. ℟. Y lleguen á tí mis clamores.

Oremos.

Dios, que quisiste que tu Verbo tomase *nuestra* carne de las entrañas de la bienaventurada Virgen Maria, quando el Angel la anunció *el misterio*: concede á los que humildemente te suplicamos; que pues la creemos verdadera Madre de Dios, nos

nos ampares con tu gracia por medio de su intercesion. Por el mismo nuestro Señor Jesu-Christo tu Hijo, que siendo Diós vive, y reyna contigo en unidad del Espíritu Santo, por todos los siglos de los siglos. R. Amen.

℣. Oye, Señor, mi Oracion. R. Y lleguen á tí mis clamores. ℣. Bendigamos al Señor. R. Demos gracias á Dios.

Bendicion. Bendíganos, y nos guarde el Señor omnipotente, y misericordioso, Padre, é Hijo, y Espíritu Santo. R. Amen.

Despues se dirá la Aña. Madre santa del Redentor. Pag. 139.

Para el tercer Oficio. Aña. ¡O grande misterio, que nos llama á la herencia del cielo! El seno de una Virgen ha llegado á ser templo de Dios: no se ha manchado el Verbo Divino tomando carne de las entrañas de esta Señora: todas las gentes vendrán diciendo: Señor, sea para tí toda gloria. Kyrie eléison, Christo eléison, Kyrie eléison. ℣. Oye, Señor, mi Ora-

Oracion. ℟. Y lleguen á tí mis clamores.

Oremos.

Dios, que haciendo fecunda la Virginidad de la bienaventurada *Virgen* Maria, has dado al género humano la salvacion eterna: suplicámoste nos concedas; que experimentemos *en nuestras necesidades* la *poderosa* intercesion de la Señora, por la qual merecimos recibir el Autor de la vida nuestro Señor Jesu-Christo tu Hijo, que siendo Dios vive, y reyna contigo en unidad del Espíritu Santo, por todos los siglos de los siglos. ℟. Amen.

℣. Oye, Señor, mi Oracion. ℟. Y lleguen á tí mis clamores. ℣. Bendigamos al Señor. ℟. *Demos* gracias á Dios.

Bendicion. Bendíganos, y nos guarde el Señor omnipotente, y misericordioso, Padre, é Hijo, y Espíritu Santo. ℟. Amen.

Despues se dirá la Aña. Madre santa del Redentor. *Pag.* 139.

AN-

ANTIFONAS

DE LA

VIRGEN MARIA.

*E*Stas *Antífonas se dicen despues de
aquella Hora, en que se termina
el Oficio.*

A Completas, despues del ℣. **El
auxîlio divino permanezca siempre
con nosotros,** *se añade el* Padre nuestro, Ave Maria, *y* Creo.

*Para el primer Oficio, desde la Pu-
rificacion hasta las Completas del Sábado Santo exclusivè.*

ANTIFONA.

DIos te salve, Reyna de los cielos,
Dios te salve, Señora de los Angeles: salve raiz, salve puerta, por
donde salió la luz al mundo: alégrate, Virgen gloriosa, sobre todas
la mas hermosa: Dios te salve, *de·
vir-*

virtudes tan agraciada: ruega á Jesu-Christo por nosotros.

℣. Virgen santa, hazme digno de publicar tus alabanzas. ℟. Dame fuerzas *para combatir* contra tus enemigos.

Oremos.

O Dios misericordioso, dá fuerzas á nuestra flaqueza; paraque los que celebramos la memoria de la santa Madre de Dios, con el auxilio de su intercesion nos levantemos de nuestras iniquidades. Por el mismo nuestro Señor Jesu-Christo. ℟. Amen.

℣. El auxilio divino permanezca siempre con nosotros. ℟. Amen.

Para desde las Completas del Sábado Santo inclusivè, hasta la Nona del Sábado despues de Pentecostés inclusivè.

ANTIFONA.

ALégrate, Reyna del cielo, alleluia: porque el que mereciste llevar, alleluia: resucitó, como lo dixo, alleluia: ruega á Dios por nosotros, alleluia.

℣.

℣. Gózate, y alégrate, Virgen Maria, alleluia. ℟. Porque verdaderamente ha resucitádo el Señor, alleluia.

Oremos.

Dios, que por la Resurreccion de tu Hijo nuestro Señor Jesu-Christo te dignaste comunicar la alegria á *todo* el mundo: suplicámoste nos concedas, que por su Madre la Virgen Maria participemos de los gozos de la vida eterna. Por el mismo Jesu-Christo nuestro Señor. ℟. Amen.

℣. El auxílio divino permanezca siempre con nosotros. ℟. Amen.

Desde las Completas del Sábado después de Pentecostés inclusivè, hasta la Nona del Sábado antes de Adviento inclusivè.

ANTIFONA.

Dios té salve, Reyna, y Madre de misericordia, vida, dulzura, y esperanza nuestra, Dios te salve. A tí clamamos los desterrados

K   hi-

hijos de Eva. A tí suspiramos gimiendo, y llorando en este valle de lágrimas. Ea pues Abogada nuestra, vuelve á nosotros esos tus ojos misericordiosos; y despues de este destierro, muéstranos á Jesus, fruto bendito de tu vientre. ¡O clementísima! O piadosa! ¡O dulce *siempre* Virgen Maria!

℣. Ruega por nosotros, santa Madre de Dios. ℟. Paraque seamos dignos de las promesas de *Jesu-Christo.*

Oremos.

OMnipotente, y eterno Dios, que por operacion del Espíritu Santo preparaste el cuerpo, y alma de la gloriosa Madre, y Virgen Maria; paraque fuese morada digna de tu Hijo: Concédenos; que pues celebramos con alegria su memoria, por su piadosa intercesion seamos libres de los males que nos cercan, y de la muerte eterna. Por el mismo Jesu Christo nuestro Señor. ℟. Amen.

℣. El auxilio divino permanezca siempre con nosotros. ℟. Amen.

Pa-

Para el segundo Oficio.

ANTIFONA.

MAdre santa del Redentor, que eres puerta del cielo *para todos* patente, y estrella del mar *resplandeciente*, socorre al pueblo, que de su caida desea levantarse: *Hazlo .tú*, que con asombro de la naturaleza, engendraste á tu Criador santo, ¡O Virgen antes, y despues *del parto!* Quando de la boca de Gabriél recibiste *tan gloriosa* salutacion; apiádate pues de los pecadores.

℣. El Angel del Señor anunció á Maria. ℟. Y concibió *por operacion* del Espíritu Santo.

Oremos.

SUplicámoste, Señor, que derrames tu gracia en nuestras almas; paraque los que reconocemos, *y veneramos* la Encarnacion de *Jesu*-Christo tu Hijo, que anunció el Angel *á Maria*, lleguémos por *los méritos de* su Pasion, y de su Cruz á participar de la gloria de *su* Resur-

K 2   rec-

reccion. Por el mismo Jesu-Christo nuestro Señor. ℟. Amen.

℣. El auxîlio divino permanezca siempre con nosotros. ℟. Amen.

Para el tercer Oficio.

Madre santa del Redentor , que eres puerta del cielo &c. *Pag.* 139.

℣. Despues del parto permaneciste Virgen inviolada. ℟. Madre de Dios, intercede por nosotros.

Oremos.

Dios , que haciendo fecunda la Virginidad de la bienaventurada *Virgen* Maria , has dado al género humano la salvacion eterna : suplicámoste nos concedas ; que experimentemos *en nuestras necesidades la poderosa* intercesion de la Señora, por la qual merecimos recibir el Autor de la vida , nuestro Señor Jesu-Christo tu Hijo. ℟. Amen.

℣. El auxîlio divino permanezca siempre con nosotros. ℟. Amen.

LE-

LETANIAS

DE LA

VIRGEN MARIA.

KYrie eléison, Christo eléison, Kyrie eleyson.

Christo, óyenos; Christo, escúchanos.

Dios Padre celestial, ten misericordia de nosotros.

Dios Hijo Redentor del mundo, ten misericordia de nosotros.

Dios Espíritu Santo, ten misericordia de nosotros.

Santa Trinidad un solo Dios, ten misericordia de nosotros.

Santa Maria. Ruega por nosotros.

Santa Madre de Dios.

Santa Virgen de las vírgenes.

Madre de *Jesu*-Christo.

Madre de la Divina gracia.

Madre purísima.

Madre castísima.

Madre inviolada.

Ruega por nosotros

Ma-

Madre inmaculada.
Madre incorrupta.
Madre amable.
Madre admirable.
Madre del Criador.
Madre del Salvador.
Virgen prudentísima.
Virgen venerable.
Virgen loable.
Virgen poderosa.
Virgen piadosa.
Virgen fiel.
Espejo de la justicia.
Trono de la sabiduría.
Causa de nuestra alegría.
Vaso espiritual.
Vaso honorable.
Vaso insigne de devocion.
Rosa mística.
Torre de David.
Torre de marfil.
Casa de oro.
Arca de la alianza.
Puerta del cielo.
Lucero de la mañana.
Salud de los enfermos.

Ruega por nosotros.

Re-

Refugio de los pecadores.
Consoladora de los afligidos.
Socorro de los Christianos.
Reyna de los Angeles.
Reyna de los Patriarcas.
Reyna de los Profetas.
Reyna de los Apóstoles.
Reyna de los Mártires.
Reyna de los Confesores.
Reyna de las Vírgenes.
Reyna de todos los Santos.

Cordero de Dios, que quitas los pecados del mundo, perdónanos, Señor.

Cordero de Dios, que quitas los pecados del mundo, óyenos, Señor.

Cordero de Dios, que quitas los pecados del mundo, ten misericordia de nosotros.

Aña. Baxo de tu amparo nos acogemos, santa Madre de Dios: no deseches las súplicas, *que te hacemos* en nuestras necesidades ; mas líbranos siempre de todos los peligros, Virgen gloriosa y bendita.

℣. Ruega por nosotros, santa Madre

Ruega por nosotros.

dre de Dios. ℞. Paraque seamos dignos de las promesas de *Jesu*-Christo. ℣. Oye, Señor, mi Oracion. ℞. Y lleguen á tí mis clamores.

Oremos.

SUplicámoste, Señor, que derrames tu gracia en nuestras almas; para que los que reconocemos, *y veneramos* la Encarnacion de *Jesu*-Christo tu Hijo, que anunció el Angel *á Maria*, lleguemos por *los méritos de* su Pasion, y de su Cruz á participar de la gloria de su Resurreccion. Por el mismo Jesu-Christo nuestro Señor. ℞. Amen.

℣. Bendigamos al Señor. ℞. *Demos* gracias á Dios.

F I N.

Milton Keynes UK
Ingram Content Group UK Ltd.
UKHW022302280923
429602UK00005B/99

9 780341 195764